Viaje a Rusia

Madame de Staël

Traducción de Manuel Azaña

www.archivosvola.es
rescatando el acervo

Extraído de *Dix années d'exil*

Tradución de Manuel Azaña publicada en *Diez años de destierro*,
Editorial Calpe, Madrid-Barcelona, 1917

ISBN: 978-84-129819-6-4

Hecho en México
(Golfo de México)

Anne-Louise Germaine Necker, Baronesa de Staël-Holstein
(París, 1766-1817)

Viaje a Rusia

Llegada a Rusia

No estábamos muy habituados a considerar a Rusia como el Estado más libre de Europa; pero es tal el yugo que el Emperador de Francia hace pesar sobre todos los Estados del continente, que al entrar en un país donde no se siente la tiranía de Napoleón, parece que se llega a una República.

Entré en Rusia el 14 de julio; este aniversario del primer día de la Revolución me impresionó por modo singular; así se cerraba para mí el ciclo de la historia de la Revolución de Francia, inaugurado el 14 de julio de 1789. Cuando la barrera que separa a Rusia de Austria se abrió para darme paso, juré que no volvería a poner los pies en un país sometido de algún modo al Emperador Napoleón. ¿Me permitirá este juramento volver a ver nunca la hermosa Francia?

El primer hombre que me recibió en Rusia fue un francés, empleado antaño en las oficinas de mi padre; me habló de él con lágrimas en los ojos, y este nombre así pronunciado me pareció un buen augurio. En efecto, en el imperio ruso, tan falsamente llamado bárbaro, sólo he recibido impresiones dulces y nobles; ¡ojalá mi gratitud atraiga nuevas bendiciones sobre aquel pueblo y su soberano! En el momento de entrar yo en Rusia, el ejército francés había ya avanzado bastante en el territorio del imperio; sin embargo, ninguna persecución, ninguna molestia detuvieron ni un instante al extranjero peregrino; ni yo ni mis compañeros sabíamos una palabra de ruso; no hablábamos más que francés, la lengua de los enemigos que devastaban el imperio; por una desagradable casualidad, ni siquiera llevaba un criado que hablase ruso; y, a no ser por un médico alemán –el doctor Renner–, que con la generosidad mayor del mundo se prestó a servirnos de intérprete hasta Moscú, habríamos merecido en verdad el nombre de *sordomudos* que los rusos dan en su idioma a los extranjeros. Pues bien; aun en esa situación, nuestro viaje hubiese sido fácil y seguro; ¡tan grande es la hospitalidad de los nobles y del pueblo rusos!

Desde nuestros primeros pasos supimos que el camino directo de Petersburgo estaba ya ocupado por los ejércitos, y que había que pasar por Moscú para llegar allá. Era un rodeo de doscientas leguas; pero ya habíamos dado otro de mil quinientas, y ahora me alegro de haber visto Moscú.

La Volhynia, primera provincia que teníamos que atravesar, forma parte de la Polonia rusa; un país fértil, inundado de judíos como la Galitzia, pero mucho menos miserable. Me detuve en el castillo de un noble polaco, a quien iba recomendada; me aconsejó apresurar el viaje, porque los franceses marchaban sobre la Volhynia, y podían muy bien entrar allí antes de ocho días. Los polacos, en general, prefieren los rusos a los austriacos; los rusos y los polacos son de raza esclavona; han sido enemigos; pero se tienen mutua consideración, mientras que los alemanes, más adelantados que los esclavones en la civilización europea, no los hacen entera justicia. Era fácil ver que los polacos en Volhynia no temían la llegada de los franceses; pero, aunque su opinión era conocida, no se les infligía esas persecuciones de detalle que no hacen más que excitar el odio sin contenerlo. De todos modos, el espectáculo de una nación sometida por otra era penoso; hacen falta varios siglos para que la unidad se consolide y para que los nombres de vencedor y vencido se borren.

En Gimotir, capital de Volhynia, me contaron que el ministro de Policía ruso había ido a Vilna con la misión oficial de preguntar el motivo de la agresión del Emperador Napoleón y de protestar en forma contra su entrada en el territorio de Rusia. Cuesta trabajo creer los innumerables sacrificios que el Emperador Alejandro ha hecho para mantener la paz. En efecto, lejos de poder acusar Napoleón al Emperador Alejandro de haber infringido el tratado de Tilsit, hubiera podido más bien reprochársele una fidelidad demasiado escrupulosa a un tratado tan funesto; era Alejandro quien hubiera tenido derecho a declarar la guerra a Napoleón por haber faltado el primero a lo convenido. En su conversación con señor de Balashef, ministro de Policía, el Emperador de Francia se entregó a esas inconcebibles indiscreciones que parecerían descuidos si no se supiera que le conviene aumentar el terror que inspira mostrándose superior a todo género de disimulo. "¿Creéis –dijo al señor de Balashef– que a mi me importan esos polacos jacobinos?" Se asegura, en efecto, que existe una carta, dirigida hace varios años al señor de Romanzof por uno de los ministros de Napoleón, en la que se propone borrar de los fastos europeos el nombre de Polonia y de los polacos. Es una desgracia para esta nación que el Emperador Alejandro no haya tomado el título de rey de Polonia y asociado la causa de este pueblo oprimido a la de todas las almas generosas. Napoleón preguntó a uno de sus generales, delante del señor de Balasheff, si había estado alguna vez en Moscú y cómo era aquella ciudad; el general dijo que le parecía un poblachón más que una capital. "¿Y cuántas iglesias tiene?" –continuó el Emperador. "Unas mil seiscientas" –le respondieron. "s inconcebible –repuso Napoleón– en una época en que nadie es religioso." "Perdón, Señor –dijo el señor de Balashef–, los rusos y los españoles lo son todavía." Admirable respuesta, que presagiaba, así era de esperar, que los moscovitas serían los castellanos del Norte.

Entretanto, el ejército francés progresaba rápidamente, y hay tal costumbre de ver a los franceses triunfar de todo en el exterior, aunque en su país no sepan resistir a ningún yugo, que con razón temí encontrármelos en el mismo camino de Moscú. Extraña suerte la mía: tener que huir de los franceses, entre quienes he nacido, que han llevado a mi padre en triunfo, y huir de ellos hasta los confines de Asia. Pero, en fin, ¿cuál es el destino, grande o pequeño, que el hombre, nacido para humillar al hombre, no puede derrocar? Creí que tendría que llegar hasta Odessa, ciudad que ha prosperado bajo la administración ilustrada del duque de Richelieu, para ir desde allí a Constantinopla y a Grecia; me consolaba de un viaje tan largo, pensando en el poema sobre Ricardo Corazón de León que me propongo escribir, si mi vida y mi salud lo permiten. Es un poema destinado a pintar las costumbres y la naturaleza de Oriente, y a consagrar una gran época de la historia inglesa, aquella en que el entusiasmo por las Cruzadas reemplazó al entusiasmo por la libertad. Pero como no se puede pintar más que lo que se ha visto, como tampoco se puede expresar más que lo que se ha sentido, tengo que ir a Constantinopla, a Siria y a Sicilia para seguir las huellas de Ricardo. Mis compañeros de viaje, midiendo mis fuerzas mejor que yo, me disuadieron de tal propósito y me aseguraron que, dándome prisa, podía ir por la posta con más rapidez que el ejército. En efecto, no tuve mucho tiempo de sobra, como se verá.

Resuelta a proseguir mi viaje por Rusia, me dirigí a Kiev, principal ciudad de Ukrania, y en otro tiempo de toda Rusia, porque este imperio comenzó por establecer su capital al Sur. Los rusos tenían entonces relaciones continuas con los griegos establecidos en Constantinopla, y en general con los pueblos de Oriente, cuyas costumbres han tomado en muchas cosas. La Ukrania es un país fertilísimo, pero nada agradable; vense grandes llanuras de trigo que parecen cultivadas por manos invisibles, tan escasos son los habitantes y las viviendas. No hay que figurarse que las cercanías de Kiev, ni de la mayor parte de las que en Rusia llaman ciudades, recuerden en nada a las ciudades de Occidente; ni los caminos están mejor cuidados, ni hay casas de campo que anuncien una comarca más poblada. Al llegar a Kiev, lo primero que vi fue un cementerio; así supe que me hallaba cerca de una aglomeración humana. La mayor parte de las casas de Kiev parecen tiendas; desde lejos, la ciudad tiene aspecto de campamento; es fuerza creer que las viviendas ambulantes de los tártaros han servido de modelo para edificar estas casas de madera, que no parecen tampoco muy sólidas. Pocos días bastan para construirlas; frecuentes incendios las consumen, y los habitantes van al bosque en busca de una casa, como quien va al mercado a hacer provisiones para el invierno. Sin embargo, en medio de esas cabañas se alzan palacios, y, sobre todo, iglesias, cuyas cúpulas verdes y áureas fascinan la mirada. Al caer la tarde, el sol flecha con sus rayos los cimborrios brillantes, y sus destellos parecen los de una fiesta luminosa, y no arrancados a un edificio perenne.

Los rusos no pasan nunca ante una iglesia sin hacer la señal de la cruz; su luenga barba aumenta mucho la expresión religiosa de su fisonomía. Casi todos llevan una gran túnica azul ajustada al cuerpo por un cinturón rojo; también el vestido de las mujeres tiene algo de asiático, observándose en él un gusto por los colores vivos, propio de los países en que el sol es tan brillante que nos agrada hacer resaltar su esplendor en los objetos que alumbra. Me aficioné en poco tiempo a estos trajes orientales de tal modo, que no me gustaba ver a los rusos vestidos como los demás europeos; parecíame en estos casos que iban a entrar en la gran uniformidad del despotismo de Napoleón, que empieza por obsequiar a todas las naciones con la conscripción, después con los tributos de guerra y luego con el código Napoleón, para regir de igual manera naciones enteramente distintas.

El Dniéper, que los antiguos llamaban Borístenes, pasa por Kiev; la tradición del país afirma que un barquero, al atravesar el río, halló sus aguas tan puras, que fundó una ciudad en la margen. Son, en efecto, los ríos la mayor belleza natural de Rusia. Apenas si se encuentran arroyos, porque la arena obstruye su curso. No hay tampoco variedad de árboles; el triste abedul se repite sin cesar en aquella naturaleza de poca inventiva; y hasta echaría uno de menos las piedras; tanto fatiga no encontrar nunca colinas ni valles y avanzar siempre sin ver objetos nuevos. Los ríos descansan a la imaginación de esta fatiga; así los sacerdotes los bendicen. El Emperador, la Emperatriz y toda la Corte asisten a la ceremonia de la bendición del Neva, en el momento más crudo del invierno. Dícese que Vladimiro, en los comienzos del siglo XI, declaró sagradas las ondas del Borístenes, y que bastaba sumergirse en ellas para ser cristiano; como el bautismo de los griegos se hacía por inmersión, millares de hombres fueron al río a abjurar la idolatría. El mismo Vladimiro envió emisarios a diversos países para saber cuál religión le convenía más adoptar; se decidió por el culto griego, a causa de la pompa de sus ceremonias. Tal vez lo prefirió también por motivos más importantes, porque el culto griego, al excluir la supremacía del Papa, daba al soberano de Rusia el poder espiritual juntamente con el temporal.

La religión griega es por necesidad menos intolerante que el catolicismo: acusada de cismática, difícilmente podría quejarse de los herejes; así, todas las religiones están toleradas en Rusia, y desde las orillas del Don hasta las del Neva, la fraternidad patria reúne a los hombres, aunque las opiniones teológicas los separen. Los sacerdotes griegos se casan; los nobles casi nunca adoptan aquel estado; de ello resulta que el clero no tiene gran ascendiente político; influye sobre el pueblo, pero es muy sumiso al Emperador.

Las ceremonias del culto griego son, por lo menos, tan bellas como las del católico; los cánticos de iglesia son arrebatadores; es un culto en que todo lleva al ensueño; hay en él no sé qué de poético y de conmovedor; pero me parece más apto para cautivar la imaginación que para dirigir la conducta. Al salir el sacerdote del santuario donde está encerrado mientras comulga, diríase que se abren las puertas de la luz; la nube de incienso que le rodea, la plata, el oro y la pedrería que brillan en sus vestiduras y en la iglesia, parecen venir del país donde se adoraba al sol. El recogimiento que inspira la arquitectura gótica en Alemania, en Francia y en Inglaterra, no puede compararse en nada al efecto de las iglesias griegas, más parecidas a las mezquitas de los turcos y de los árabes que a nuestros templos. Que nadie espere encontrar en ellas, como en Italia, la pompa de las bellas artes; su ornamento más notable son las vírgenes y los santos coronados de diamantes y de rubíes. La magnificencia es lo característico de Rusia; estas bellezas no nacen del genio humano ni de los dones de la naturaleza.

El ceremonial de los matrimonios, de los bautizos y de los entierros es noble y conmovedor; encuéntranse en él algunas antiguas costumbres del paganismo griego; pero solamente las que, por no tocar en nada al dogma, pueden aumentar la impresión que causan las tres grandes escenas de la vida: el nacimiento, el matrimonio y la muerte. Entre los campesinos rusos subsiste la costumbre de hablar al muerto antes de separarse para siempre de sus restos. "¿Por qué –le dicen– nos has abandonado? ¿Eras desgraciado en este mundo? ¿No era tu mujer hermosa y buena? Entonces, ¿por qué la has dejado?" El muerto no responde nada, pero así se proclama ante los que aún la conservan el valor de la existencia.

Enseñan en Kiev unas catacumbas que recuerdan algo a las de Roma; a ellas acuden peregrinos desde Kazán y otras ciudades limítrofes de Asia; pero estas peregrinaciones son menos penosas en Rusia que en ninguna otra parte, aun que las distancias sean mucho mayores. Este pueblo, por su carácter, no teme ni la fatiga ni los sufrimientos corporales; es una nación paciente y activa, jovial y melancólica. Vense reunidos en ella los contrastes más chocantes, y esto es lo que hace presagiar para la nación grandes cosas; porque, de ordinario, sólo los seres superiores poseen cualidades opuestas; las masas son, en su mayor parte, de un solo color.

En Kiev probé la hospitalidad rusa. El general Milorado-vitsch, gobernador de la provincia, me colmó de amabilísimas atenciones; había sido ayudante de campo de Suvarov, y no era menos intrépido que él; acertó a aumentar mi confianza en los triunfos militares de Rusia. Había encontrado hasta aquel momento solamente oficiales de la escuela alemana, que no participaban en nada del carácter ruso. En el general Miloradovitsch vi un ruso verdadero, impetuoso, valiente, confiado, y no arrastrado en manera alguna por el espíritu de imitación, que a veces roba a sus compatriotas hasta el carácter nacional. Me contó algunos rasgos de Suvarov, que prueban que este hombre estudiaba mucho, aunque conservó siempre el instinto original que tiende al conocimiento inmediato de los hombres y de las cosas. Ocultaba sus estudios para herir más la imaginación de sus tropas, dándoselas en todo de inspirado.

Los rusos tienen, a mi parecer, mucha más semejanza con los pueblos del Mediodía, o más bien de Oriente, que con los del Norte. Lo que tienen de europeos se lo deben a los rusos de la corte, que es igual en todos los países; pero su naturaleza es oriental. El general Miloradovitsch me contó que un regimiento de kalmucos fue enviado de guarnición a Kiev, y un día el príncipe de estos kalmucos se le presentó confesándole que no podía soportar el vivir un invierno entero encerrado en la ciudad, y pidió permiso para acampar en el vecino bosque. No había modo de negarle un placer tan fácil, y se fue con sus tropas a vivir en la nieve, instalándose en los carromatos que les sirven también de chozas. Sobre poco más o menos, los soldados rusos soportan lo mismo las fatigas y los sufrimientos del clima que los de la guerra; todas las clases del pueblo sienten un desprecio por los obstáculos y los trabajos corporales, que puede conducirles a muy grandes cosas. Aquel príncipe kalmuco, a quien las casas de madera parecían en pleno invierno una vivienda demasiado refinada, regalaba diamantes en los bailes a las damas que le agradaban; como no podía hacerse entender de ellas, reemplazaba los cumplidos con regalos, como ocurre en la India y en las calladas comarcas de Oriente, donde la palabra tiene menos fuerza que entre nosotros. El general Miloradovitsch me invitó a un baile en casa de una princesa moldava. Sentí vivamente no poder ir; pero aquel era el día de mi partida. Todos estos nombres de países exóticos, de naciones que apenas si son europeas, excitan singularmente la imaginación. En Rusia nos sentimos en la linde de otras tierras, cerca de ese Oriente, de donde han salido tantas creencias religiosas y que aún encierra en su seno increíbles tesoros de perseverancia y de reflexión.

CAMINO DE KIEV A MOSCÚ

Unas novecientas verstas me separaban aún de Moscú. Mis cocheros rusos me llevaban como un relámpago, cantando canciones cuya letra era, según me dijeron, de elogio y de aliento para sus caballos. "Vamos, amigos míos –les decían–. Ya nos conocemos; hay que ir de prisa." Este pueblo no me parece nada bárbaro; al contrario, sus modales tienen no sé qué elegancia y dulzura que no se encuentran en otros países. Jamás un cochero ruso pasa delante de una mujer, de cualquier edad o condición que sea, sin saludarla; la mujer le contesta con una inclinación de cabeza, siempre noble y graciosa. Un anciano que no lograba hacerse entender de mí, me mostró la tierra y después el cielo para indicarme que la una sería pronto para él el camino del otro. Bien sé que con razón puede objetárseme las grandes atrocidades en que abunda la historia de Rusia; pero, en primer lugar, creo que deben imputarse a los boyardos, depravados por el despotismo que ejercían o que sufrían, más bien que a la nación misma. Por otra parte, las disensiones políticas desnaturalizan en todas partes y en todos los tiempos el carácter nacional; nada tan deplorable en la historia como la serie de tiranos rusos, encumbrados y derrocados por el crimen; pero tal es la condición fatal del poder absoluto en la tierra. Los empleados civiles de rango inferior, cuantos fían su prosperidad a la astucia o a las intrigas, no se parecen en nada a los habitantes de la campiña, y me explico todo lo malo que se ha dicho y se diga de ellos; pero una nación guerrera hay que estudiarla en sus soldados, y en la clase de donde salen los soldados; es decir, en los campesinos. Aunque me llevaban con mucha rapidez, parecíame, por lo monótono del país, que no avanzaba. Llanuras arenosas, algunos bosques de abedules y aldeas muy distantes unas de otras, compuestas de casas de madera cortadas por el mismo patrón, era todo lo que veían mis ojos. Sufría una desazón semejante a la pesadilla que nos sobrecoge algunas noches, cuando se nos figura andar, andar, sin adelantar un paso. Parecíame aquel país la imagen de lo infinito, y que para atravesarlo hacía falta la eternidad. A cada momento pasaban correos a velocidad increíble; iban sentados en un banco de madera atravesado en un carricoche tirado por dos caballos, y no se detenía por nada ni un segundo. Los vaivenes los hacían dar saltos a veces de dos pies de altura sobre el banco; pero caían de nuevo sobre él con asombrosa destreza, y se apresuraban a gritar ¡adelante!, en lengua rusa, con energía semejante a la de los franceses en día de batalla. La lengua esclavona posee una sonoridad particular; diría casi que tiene un timbre metálico; cuando los rusos pronuncian ciertas letras de su lengua, completamente distintas de las que componen los dialectos de Occidente, parece que se oye el tañido del bronce.

Veíamos pasar cuerpos de reserva, que se acercaban con premura al teatro de la guerra; los cosacos iban uno por uno al ejército, sin orden, sin uniforme, una gran lanza en la mano y con una especie de hopalanda grisácea, cuyo amplio capuchón se echaban por la cabeza. Yo me había formado una idea muy diferente de estos pueblos; habitan allende el Dniéper, y allí viven en salvaje independencia; pero en la guerra se dejan gobernar despóticamente. Lo habitual es que los más temibles ejércitos lleven magníficos uniformes, de brillantes colores. Los colores apagados con que se visten los cosacos infunden un pavor de otro género; diríase que son unos aparecidos que nos acometen.

A mitad de camino, entre Kiev y Moscú, los caballos comenzaron a escasear, porque estábamos ya cerca de los ejércitos. Temí ver interrumpido mi viaje precisamente en el instante en que más me urgía correr; cuando pasaba cinco o seis horas ante una casa de postas, puesto que rara vez había un aposento en que se pudiese entrar, pensaba estremecida en el ejército que podía dar me alcance en aquel extremo de Europa, poniéndome en una situación trágica y ridícula a la vez; tal ocurre siempre que una empresa como la mía fracasa; como las circunstancias que me forzaron a emprenderla eran generalmente ignoradas, la gente se hubiera preguntado el por qué del abandono de mi casa, bien que convertida en cárcel, y personas de muy buena intención no hubieran dejado de decir, con aire compungido, que era mucha desgracia la mía; pero que me hubiese estado mejor no emprender aquel viaje. Si la tiranía no tuviese a favor suyo más que sus partidarios directos, no podría subsistir; lo asombroso, lo que denota más que nada la miseria humana, es que la mayoría de los hombres mediocres son esclavos de los acontecimientos; no tienen fuerza para elevarse sobre los hechos, y cuando el opresor triunfa y la víctima perece, se apresuran a justificar, no al tirano precisamente, sino al destino, de que es instrumento. La debilidad de la inteligencia y la del carácter son, sin duda, causa de este servilismo; pero hay también en el hombre cierto prurito de dar la razón al sino, cualquiera que sea, como un modo de vivir en paz con él.

Alcancé por fin aquella parte de mi camino que me alejaba del teatro de la guerra, y llegué a las provincias de Orel y de Tula, de las que tanto han hablado los *Boletines* de ambos ejércitos. Me recibieron en estas ciudades con la más fina hospitalidad. Varios nobles de las cercanías vinieron a mi albergue a cumplimentarme por mis escritos, y confieso que me halagó descubrir que mi reputación literaria llegaba tan lejos de mi patria. La mujer del gobernador me recibió a la manera asiática, ofreciéndome sorbetes y rosas; su aposento estaba muy elegantemente adornado con instrumentos de música y cuadros. En Europa se ve por doquiera el contraste de la riqueza y de la miseria; pero en Rusia, ni la una ni la otra se hacen, por decirlo así, notar. El pueblo no es pobre; los grandes saben, cuando llega el caso, llevar la misma vida que el pueblo; lo característico del país es la mezcla de las privaciones más duras y de los más refinados goces. Los mismos nobles, cuyas viviendas encierran las más brillantes creaciones del lujo de las diversas partes del mundo, se alimentan en sus viajes mucho peor que los campesinos franceses, y están hechos a soportar, no sólo en la guerra, sino en diversas circunstancias de la vida, una existencia física muy desagradable. El rigor del clima, y las ciénagas, selvas y desiertos que constituyen una gran parte del país, ponen al hombre en lucha con la naturaleza. Frutas y flores sólo se obtienen en las estufas; se cultivan muy poco las legumbres; viñas no hay en parte alguna. La manera habitual de vivir los campesinos en Francia no puede obtenerse en Rusia sin dispendios muy crecidos. Lo necesario es aquí un lujo; de suerte que cuando el lujo es imposible, hay que renunciar incluso a lo necesario. Lo que los ingleses llaman *confort* y nosotros comodidades, es apenas conocido en Rusia. La imaginación de los grandes señores rusos no se sacia con ninguna perfección; pero cuando les falta esa poesía de la riqueza, beben hidromiel, se acuestan en una tarima y viajan noche y día en un carrillo abierto, sin echar de menos el lujo a que pudiera creérseles acostumbrados. Gustan de la fortuna más por magnificencia que por los placeres que proporciona; también en esto se parecen a los orientales, que ejercen la hospitalidad con los extranjeros, los colman de presentes y desdeñan muy a menudo el bienestar habitual de su propia vida. Esta es una de las razones que explican el robusto ánimo con que los rusos han soportado la ruina que les ha acarreado el incendio de Moscú. Más habituados a la pompa exterior que al cuidado de la persona, no están ablandados por el lujo, y el sacrificio del dinero satisface su orgullo tanto o más que la magnificencia con que lo gastan. Lo característico de este pueblo es un no sé qué de gigantesco en todos los órdenes; en nada puede aplicársele las dimensiones ordinarias. No quiero decir con esto que carezca de estabilidad y de verdadera grandeza; pero la audacia y la imaginación de los rusos no tienen límites; todo en ellos es colosal más bien que proporcionado, audaz más bien que reflexivo, y si no logran su fin es porque lo rebasan.

ASPECTO DEL PAÍS
CARÁCTER DEL PUEBLO RUSO

Estaba yo cada vez más cerca de Moscú, y nada me anunciaba la proximidad de una capital. Las aldeas de madera seguían estando muy distantes unas de otras; ni era mayor el movimiento de las vastas planicies llamadas carreteras, ni aumentaba el ruido; tampoco las casas de campo eran muy numerosas; hay en Rusia tanto espacio que todo se dispersa en él, las viviendas y las poblaciones. Diríase que se atraviesa un país cuyos habitantes acaban de marcharse. La falta de pájaros aumenta el silencio; los rebaños son también raros, o, por lo menos, están a gran distancia del camino. Todo desaparece en aquella extensión, excepto la extensión misma, que persigue a la imaginación, como ciertas ideas metafísicas de que la mente no puede desembarazarse una vez que hacen presa en ella.

Al atardecer de un día muy caluroso, víspera de mi llegada a Moscú, detúveme en una pradera muy agradable; unas labradoras, vestidas con los pintorescos trajes del país, volvían del trabajo cantando esas canciones de Ukrania, cuyas palabras ensalzan el amor y la libertad, con dejos de melancolía y añoranza. Las rogué que bailaran, y accedieron. No he visto nada más gracioso que estas danzas del país; poseen toda la originalidad que la naturaleza presta a las bellas artes; adviértese en ellas una voluptuosidad recatada; las bayaderas de la India deben de tener algo semejante a esta mezcla de indolencia y vivacidad, encanto de la danza rusa. La indolencia y la vivacidad denotan el ensueño y la pasión, dos elementos del carácter ruso no modelados ni domados todavía por la civilización. Me impresionó la dulce alegría de las campesinas, como, en grados diferentes, la de la mayor parte de la gente del pueblo con quien había tratado en Rusia.

Comprendo que han de ser terribles cuando se exciten sus pasiones; como carecen de instrucción, no saben dominar su violencia. Por lo mismo que son ignorantes, tienen muy pocos principios de moral; el robo es muy frecuente en Rusia, pero también la hospitalidad; dan y quitan, según que en su fantasía hable la astucia y la generosi-

23

dad, porque una y otra excitan la admiración de este pueblo. Este modo de ser se parece un poco al de los salvajes;
pero creo que ahora las naciones europeas sólo tienen
energía cuando son lo que se llama bárbaras, es decir, no
ilustradas, o cuando son libres. Las naciones a quienes la
civilización sólo ha enseñado a ser indiferentes a todo
yugo, con tal de que su hogar no se perturbe; las naciones
a quienes la civilización sólo ha enseñado a explicar la
tiranía y a razonar la servidumbre, están destinadas a ser
vencidas. A menudo me pongo a pensar en lo que serán
ahora aquellos lugares de Rusia que yo vi tan en calma, lo
que será de aquellas muchachas, de aquellos barbudos
campesinos que seguían en paz la senda trazada por la
Providencia; habrán muerto o habrán huido, porque ninguno se ha puesto al servicio del vencedor. Una cosa digna
de notarse es el vigor del espíritu público en Rusia. La
reputación de invencible que han dado a esta nación sus
repetidos triunfos, la altivez natural de los grandes, el
carácter abnegado del pueblo, la religión, de tan arraigado
poderío, el odio a los extranjeros que Pedro I trató de extir-
par, pero que alienta en el corazón de los rusos y se yergue
en las ocasiones propicias, son causas que conjuntamente
hacen de esta nación un pueblo muy enérgico. Algunas
anécdotas aviesas de los reinados precedentes, los rusos
entrampados en París y ciertas frases ingeniosas de
Diderot, han hecho creer a los franceses que Rusia consis-

te en una corte corrompida, en unos oficiales palatinos y en un pueblo de esclavos; es un gran error. Es cierto que a una nación como ésta no se la conoce en circunstancias ordinarias, sino después de detenidísimo examen; pero cuando yo la observé, todo adquiría en ella gran realce; no puede contemplarse un país a una luz más favorable que la del infortunio arrostrado con valor. No me cansaré de repetir que esta nación presenta los contrastes más llamativos, procedentes acaso de la mezcla de la civilización europea y del carácter asiático.

La acogida de los rusos es tan afectuosa, que pudiera uno creerse ligado amistosamente con ellos desde el primer momento, y acaso al cabo de diez años no llega uno a estarlo todavía. El silencio ruso es cosa extraordinaria; versa únicamente sobre aquello que les inspira vivo interés. De todo lo demás hablan cuanto se quiera, pero su conversación prueba tan sólo su cortesía; jamás descubre sus sentimientos ni opiniones. Con frecuencia se les ha comparado a los franceses; esta comparación me parece la más falsa del mundo. Su flexibilidad orgánica les facilita la imitación en toda cosa; son ingleses, franceses o alemanes en sus modales, cuando las circunstancias les incitan a ello; pero nunca dejan de ser rusos, es decir, impetuosos y reservados al mismo tiempo, más capaces de pasión que de amistad, más altivos que delicados, más devotos que virtuosos, más valientes que caballerescos, y de tal modo violentos en sus deseos, que nada les detiene cuando se trata de saciarlos. Son mucho más hospitalarios que los franceses; pero el trato social no consiste para ellos, como para nosotros, en reunirse varios hombres y mujeres de buen ingenio que se recrean conversando. Reúnense como quien va a una fiesta, para ver mucha gente, para gozar con los frutos y los productos raros de Europa y Asia, para oír músicas, para jugar; en fin, para entregarse a las vivas emociones suscitadas por los objetos exteriores, más bien que a los deleites del ingenio y del alma; reservan la fuerza de su espíritu para la acción, y no para el trato social. Por lo demás, como son poco instruidos en general, las conversaciones serias no les divierten, y no empeñan su amor propio en brillar en ellas a fuerza de ingenio. La poesía, la elocuencia, la literatura no existen en Rusia; el lujo, el poderío y el valor son los principales objetos del orgullo y de la ambición; todas las otras maneras de distinguirse parecen aún vanas y afeminadas a esta nación.

Pero el pueblo es esclavo –se dirá–, ¿cómo puede atribuírsele un carácter? Cierto; no necesito decir que todas las personas ilustradas de sean que el pueblo ruso salga de ese estado, y quien acaso lo desea más es el Emperador Alejandro; pero esta esclavitud de Rusia no se parece en sus efectos a lo que nos imaginamos en Occidente; no hay aquí, como en el régimen feudal, unos vencedores que han impuesto su dura ley a los vencidos; las relaciones de los grandes con el pueblo se parecen más bien a lo que los antiguos llamaban la familia de los esclavos que al estado de los siervos entre los modernos. En Rusia no existe el tercer estado; esto es un grave inconveniente para el progreso de las letras y de las bellas artes, porque, de ordinario, en ese 'tercer estado es donde las luces se propagan; pero esa falta de intermediarios entre los grandes y el pueblo permite a unos y otros amarse más. La distancia entre ambas clases parece mayor, porque no hay gradación entre los extremos; pero de hecho están más en contacto, porque no les separa una clase media. Esta organización social es completamente desfavorable para la ilustración de la clase elevada, pero no para la felicidad de la clase baja. Por lo demás, allí donde no hay Gobierno representativo, es decir, en los países donde aún el monarca decreta la ley que ha de ejecutar, los hombres están a menudo más envilecidos por el sacrificio de su razón y de su carácter que en este vasto imperio, donde unas cuantas ideas sencillas de religión y de patria mueven a una gran masa guiada por pocos jefes. La inmensa extensión del imperio ruso hace también que el despotismo de los grandes no pese en detalle sobre el pueblo; en fin, sobre todo, el espíritu religioso y militar dominan de tal modo en la nación, que bien pueden perdonarse muchos errores en consideración a esas dos grandes fuentes de bellas acciones. Un hombre de mucho ingenio decía que Rusia se parece a las obras de Shakespeare, donde todo lo que no es defectuoso es sublime, donde todo lo que no es sublime es defectuoso. Nada más justo que esta observación; pero en la gran crisis que sufría Rusia cuando yo la visité era fuerza admirar la enérgica resistencia y la resignación al sacrificio que manifestaba la nación, y casi no se atrevería uno, al ver tales virtudes, a notar lo que en otras circunstancias hubiese parecido censurable.

Moscú

Unas cúpulas doradas anuncian desde lejos Moscú; sin embargo, como la región circundante es llana, igual que toda Rusia, se llega a la gran ciudad sin que su extensión nos impresione. Alguien decía, con razón, que Moscú es una provincia más bien que una ciudad. Vense en ella, en efecto, cabañas, casas, palacios, un bazar como los de Oriente, iglesias, establecimientos públicos, estanques, bosques y parques. La diversidad de costumbres y de naciones de que se compone Rusia se manifiesta en aquel vasto recinto. ¿Queréis, me decían, comprar chales de cachemira en el barrio tártaro? ¿Habéis visto la ciudad china? Asia y Europa se juntaban en la inmensa ciudad. Gozábase en ella más libertad que en Petersburgo, donde la corte tiene que ejercer necesariamente mucha influencia. Los grandes señores establecidos en Moscú no intrigaban para obtener cargos públicos; pero demostraban su patriotismo con inmensos donativos al Estado, ya para establecimientos públicos en tiempos de paz, ya como subsidios durante la guerra. Las colosales fortunas de los grandes señores rusos se emplean en formar colecciones de todo género, en empresas y fiestas copiadas de las *Mil y una noches*, y se pierden también con frecuencia por las desenfrenadas pasiones de sus poseedores. Cuando llegué a Moscú sólo se hablaba de los sacrificios que se hacían para la guerra. El joven conde de Momonof levantó un regimiento para el Estado, y quiso servir en él tan sólo como subteniente; la condesa Orlof, amable y con una fortuna asiática, donaba la cuarta parte de sus rentas. Al pasar delante de aquellos palacios rodeados de jardines, donde el espacio se prodiga, en el interior de una ciudad, tanto como en otras partes en el campo, decíanme que el dueño de una de aquellas soberbias viviendas acababa de dar mil campesinos al Estado, y tal otro, doscientos. Costábame trabajo aceptar la expresión *dar hombres*; pero los mismos campesinos ofrecíanse con ardor, y sus señores eran en esta guerra los intérpretes de sus sentimientos.

En cuanto un ruso es soldado, le cortan la barba, y desde tal momento es libre. Queríase que fuesen también considerados libres cuantos sirvieran en la milicia; pero entonces la nación entera se hubiese libertado, porque el alzamiento fue casi en masa. Es de esperar que la liberación tan deseada se realice sin sacudidas; pero mientras tanto valdría más que todos conservasen la barba, porque da mucha fuerza y vigor a la fisonomía. Los rusos de luenga barba no pasan nunca por delante de una iglesia sin hacer la señal de la cruz; su confianza en las imágenes visibles de la religión es conmovedora. Sus iglesias llevan el sello de ese amor al lujo que los rusos deben al Asia; los ornamentos son de oro, plata y rubíes. Dícese que un hombre propuso en Rusia componer un alfabeto con piedras preciosas y escribir así la Biblia; quien tal propuso conocía muy bien la mejor manera de interesar en la lectura la imaginación de los rusos, la cual no ha mostrado, por lo menos hasta ahora, propensión a las artes ni a la poesía. Los rusos llegan con mucha rapidez en todas las cosas hasta un cierto límite, que ya no rebasan. Los primeros pasos se dan por impulso irreflexivo; continuarlos es obra de la reflexión; los rusos no tienen nada de pueblo del norte, y su capacidad de meditación es hasta ahora muy escasa.

Algunos de los palacios de Moscú son de madera, como de construcción más rápida, para que la natural inconstancia de la nación en todo lo que es religioso o patriótico pueda satisfacerse cambiando fácilmente de vivienda. Varios de estos hermosos edificios se construyeron sólo para una fiesta; destinados a brillar un solo día, la riqueza del decorado les ha hecho durar hasta esta época de destrucción universal. Gran número de casas están pintadas de verde, de amarillo o de rosa, y esculpidas menudamente.

El Kremlin, ciudadela donde los Emperadores de Rusia se defendían contra los tártaros, está rodeado de una elevada muralla almenada, con torrecillas en los flancos, que, por la singularidad de sus formas, recuerdan más a los alminares turcos que a las fortalezas usadas en Occidente. Aunque el aspecto exterior de los edificios de la ciudad fuese oriental, la huella del cristianismo reaparecía en las múltiples y muy veneradas iglesias que a cada paso atraían la atención. Moscú hacía pensar en Roma, no porque los monumentos fuesen del mismo estilo, sino porque la contigüidad de magníficos palacios y campiñas solitarias, la grandeza de la ciudad y el infinito número de templos, dan a la Roma asiática cierto parecido con la Roma europea.

En los primeros días de Agosto visité el interior del Kremlin; llegué por la misma escalera que el Emperador Alejandro había subido pocos días antes rodeado de una multitud inmensa que le bendecía y le prometía defender el imperio a toda costa. El pueblo ha cumplido su palabra. Me franquearon primero las salas donde se guardaban las armas de los antiguos guerreros de Rusia; los arsenales de este género son más interesantes en los otros países de Europa. Los rusos no participaron en la vida caballeresca medioeval ni se mezclaron en las cruzadas. En constante guerra con tártaros, polacos y turcos, su espíritu militar se formó en medio de las atrocidades de todo género que llevaba consigo la barbarie de los pueblos asiáticos y la de los tiranos que gobernaban a Rusia. Durante muchos siglos, brilló en este país, no el valor generoso de un Bayardo o de un Percy, sino la valentía fanática e intrépida. En las relaciones sociales, tan nuevas para ellos, no se distinguen los rusos por el espíritu caballeresco, tal como lo entienden los pueblos occidentales; pero siempre han sido terribles con sus enemigos. Tales degollinas se han visto en Rusia antes y después del reinado de Pedro el Grande, que la moralidad de la nación, y, sobre todo, la de los grandes señores, tiene que haberse resentido mucho. Los Gobiernos despóticos, cuya única limitación es el asesinato del déspota, acaban por arruinar en la mente de los hombres las nociones de honor y de deber; pero el amor a la patria y la fidelidad a las creencias religiosas han conservado la plenitud de su fuerza en medio de una historia tan sangrienta; nación que posee tales virtudes puede asombrar al mundo.

Desde el antiguo arsenal fui a visitar los aposentos ocupados antaño por los Zares, donde se guardan las vestiduras que llevaban en la ceremonia de la coronación. Tales aposentos no tienen mérito alguno; pero concuerdan muy bien con la vida dura que llevaban y llevan aún los Zares. Esplendorosa es la magnificencia del palacio de Alejandro; pero el Emperador duerme en tosco lecho y viaja como un oficial cosaco.

En el Kremlin me enseñaron el doble trono que en un principio ocupaban juntos Pedro I y su hermano Ivan. La princesa Sofía, su hermana, colocábase detrás de Ivan y le apuntaba lo que tenía que decir; esta fuerza postiza no resistió mucho tiempo a la fuerza nativa de Pedro I, que a poco reinaba solo.

Desde su reinado dejaron los Zares de llevar la vestimenta asiática. La gran peluca del siglo de Luis XIV fue introducida en Rusia por Pedro I, y, sin menoscabo de la admiración que este grande hombre inspira, hay no sé qué desagradable contraste entre la ferocidad de su genio y la regularidad ceremoniosa de su vestido. ¿Tuvo razón al desarraigar, en cuanto estuvo de su parte, las costumbres orientales de su nación? ¿La tuvo para colocar la capital al Norte y en un extremo de su imperio? Esta importante cuestión aún no está resuelta; a tan vastos pensamientos, sólo los siglos pueden ponerles un digno comentario.

Subí a la torre de la catedral, llamada Ivan-Veliki, desde donde se domina la ciudad; desde allí veía el palacio de los Zares, que conquistaron con sus armas las coronas de Kazan, de Astrakán y de Siberia. Oía los cánticos de la iglesia, en que el *católico* príncipe de Georgia oficiaba en medio de los habitantes de Moscú, formando una unión cristiana de Asia y Europa. Mil quinientas iglesias atestiguaban la devoción del pueblo moscovita.

Los establecimientos comerciales de Moscú tenían carácter asiático; hombres con turbante, vestidos otros con la variedad de trajes del Oriente, mostraban las más raras mercancías; las pieles de Siberia y los tejidos de la India brindaban los placeres del lujo a esos grandes señores cuya imaginación se deleita con las cibelinas de los samoyedos y con los rubíes de los persas. Aquí, el jardín y el palacio Rosamuski encerraban una magnífica colección de plantas y minerales; más allá estaba la hermosa biblioteca que el conde de Buterlin tardó treinta años en reunir; entre sus libros había algunos anotados por el propio Pedro I. Este grande hombre no sospechó que la misma civilización europea, tan envidiada, iría a devastar los establecimientos de instrucción pública que él fundó en el corazón de su imperio para dar fijeza, mediante el estudio, al espíritu inquieto de los rusos.

Más lejos estaba la Inclusa, una de las instituciones más conmovedoras de Europa; en cada barrio de la ciudad había notables hospitales para todas las clases de la sociedad; en fin, por doquiera se mostraban la beneficencia y las riquezas; no se veían más que edificios de lujo o de caridad, iglesias o palacios, construidos para el bienestar y esplendor de una vasta porción de la especie humana. Veía también el curso sinuoso del Moscova, río que desde la última invasión de los tártaros no había recibido una gota de sangre en sus ondas. El día era espléndido; el sol parecía recrearse en derramar sus rayos sobre las cúpulas resplandecientes. Pensé en el anciano arzobispo Platón, que acababa de escribir al Emperador Alejandro una carta pastoral, cuyo estilo oriental me había conmovido profundamente; desde los confines de Europa, el arzobispo enviaba una imagen de la Virgen para conjurar, lejos de Asia, al hombre que quería echar sobre los rusos el peso de todas las naciones que había ido encadenando a su paso. Por un momento, pensé que Napoleón podría pasearse por la misma torre desde donde admiraba yo la ciudad que iba a destruir con su presencia; un momento consideré con qué orgullo reemplazaría Napoleón en el palacio de los Zares al jefe de la gran horda que también logró en otro tiempo apoderarse de él; pero la hermosura del cielo disipó mi temor. Un mes más tarde, la espléndida ciudad estaba hecha ceniza, para que pudiera decirse que todo país aliado una vez con aquel hombre sería arrasado por el fuego de que a su antojo dispone. ¡Pero los rusos y su monarca han rescatado con creces aquel error! El mismo infortunio de Moscú ha regenerado al imperio; la ciudad religiosa ha perecido como un mártir, cuya sangre, al verterse, da fuerzas nuevas a los hermanos que le sobreviven.

El famoso conde Rostopschin, de cuyo nombre están llenos los *Boletines* del Emperador, fue a visitarme y me invitó a comer en su casa. Había sido ministro de Negocios Extranjeros de Pablo I; su conversación era original, y fácilmente se adivinaba que su carácter se mostraría con mucho vigor en cuanto las circunstancias lo reclamasen. La condesa Rostopschin tuvo a bien regalarme un libro que había escrito sobre el triunfo de la Religión, de estilo tan puro como su moral. Fui a visitar a la condesa en su posesión, dentro de Moscú; para llegar a su casa había que atravesar un lago y un bosque; el propio conde Rostop-schin puso fuego a esta casa, una de las residencias más agradables de Rusia, al acercarse el ejército francés. Un hecho semejante debería despertar cierta admiración, aún entre los enemigos. Sin embargo, el Emperador Napoleón ha comparado a Rostopschin con Marat, olvidando que el gobernador de Moscú sacrificaba sus propios intereses, y que Marat incendiaba las casas ajenas; lo que no deja de ser un poco diferente. Hubiera podido reprocharse al conde Rostopschin haber ocultado demasiado tiempo las malas noticias del ejército, ya porque se engañase a sí mismo, ya porque creyese necesario engañar a los demás. Los ingleses, con la admirable rectitud que distingue todos sus actos, dan cuenta de sus reveses tan verídicamente como de sus triunfos, y el entusiasmo se sostiene en ellos por la fuerza de la verdad, sea la que fuere. Los rusos no pueden aún llegar a esta perfección moral, resultado de una constitución libre.

Ninguna nación civilizada tiene tanto de salvaje como el pueblo ruso; y cuando los grandes tienen energía, se aproximan también a los defectos y cualidades de la naturaleza primitiva y sin freno. Mucho se ha alabado la famosa frase de Diderot: "Los rusos se pudren antes de madurar." No conozco nada más falso; sus mismos vicios, con raras excepciones, no nacen de la corrupción, sino de la violencia. "Un deseo ruso, decía un hombre superior, haría volar una ciudad." El furor y la astucia los dominan alternativamente cuando quieren cumplir un propósito cualquiera, malo o bueno. Su naturaleza no se ha modificado por la civilización improvisada que les dio Pedro I; hasta ahora sólo ha modificado sus modales; afortunadamente para ellos, siguen siendo lo que llamamos unos bárbaros; es decir, gente guiada por un instinto a menudo generoso, siempre involuntario, que no admite reflexión más que en la elección de los medios, no en el examen del fin; al decir afortunadamente para ellos, no pretendo ensalzar la barbarie; lo que hago es designar con ese nombre cierta energía primitiva, única que en las naciones se puede sustituir a la fuerza concentrada de la libertad.

Conocí en Moscú a hombres muy versados en ciencias y letras; pero allí, como en Petersburgo, casi todos los empleos de profesor están desempeñados por alemanes. En Rusia hay gran escasez de hombres instruidos, en cualquier ramo de que se trate; la mayor parte de los jóvenes no van a la Universidad más que para entrar con mayor rapidez en la carrera militar. En Rusia, los empleos civiles confieren una categoría correspondiente a un grado en el ejército; el espíritu de la nación propende enteramente a la guerra; en todo lo demás, administración, economía política, instrucción pública, etc., los otros pueblos de Europa son hasta ahora superiores a Rusia. Sin embargo, los rusos comienzan a ejercitarse en la literatura; la dulzura y sonoridad de su lengua son notables, aún para los que no la comprenden; debe de ser muy apropiada para el canto y la poesía. Pero los rusos, con otros pueblos del Continente, cometen el error de imitar la literatura francesa, que, por sus mismas cualidades, sólo cuadra a los franceses. Me parece que los rusos deberían derivar sus estudios literarios de los griegos más que de los latinos. Los caracteres del alfabeto ruso, tan semejantes a los del griego, las antiguas relaciones de los rusos con el imperio de Bizancio, sus destinos futuros, que tal vez los llevarán hacia los ilustres monumentos de Atenas y de Esparta, son razones que deben inclinar a los rusos al estudio del griego; pero, sobre todo, hace falta que sus escritores beban la poesía en lo más íntimo y profundo de su alma. Hasta ahora sus obras no pasan, por decirlo así, de sus labios; una nación tan vehemente como ésta no se conmoverá con tan débiles acordes.

Me fui de Moscú con gran pesar. Detúveme un rato en un bosque, próximo a la ciudad, adonde los moscovitas acuden los días de fiesta a bailar en honor del sol, cuyo esplendor es tan breve, aun en Moscú. ¿Cómo será más hacia el Norte? Dícese que, según nos acercamos a Arkangel, hasta los inacabables abedules, cuya monotonía nos cansa, escasean, y que los cuidan como a los naranjos en Francia. Desde Moscú a Petersburgo, el país es un arenal al principio y una charca después; en cuanto llueve, la tierra se ennegrece, y ya no hay manera de encontrar el camino. Sin embargo, las viviendas de los campesinos denotan por doquiera el bienestar; adornan las casas con columnas; arabescos esculpidos en madera rodean las ventanas. Aunque atravesé el país en verano, sentía la amenaza del invierno, que parecía oculto detrás de las nubes; las frutas, en su madurez precipitada en demasía, eran de gusto agrio; una rosa me emocionaba, como un recuerdo de nuestras hermosas tierras; las flores parecían erguir su cabeza con menos orgullo, como si la helada mano del Norte estuviera ya pronta a arrancársela.

Pasé por Novogorod, que fue hace seis siglos una república asociada a las ciudades anseáticas, y que por mucho tiempo ha conservado un espíritu de independencia republicana. Suele decirse que en Europa no se pidió libertad hasta el siglo pasado; pero la invención moderna es más bien el despotismo. En la misma Rusia, la esclavitud de los campesinos se implantó en el siglo XVI. Hasta el reinado de Pedro I, la fórmula de los ukases decía: "Los boyardos han opinado, el Zar ordenará." Pedro I, aunque bajo muchos respectos hizo a Rusia bienes infinitos, abatió a los grandes y reunió en su cabeza el Poder temporal y el espiritual, a fin de no tropezar con obstáculos en la realización de sus designios. Lo mismo había hecho Richelieu en Francia; por eso Pedro I le admiraba tanto. Sabido es que al contemplar su tumba en París, exclamó: "¡Grande hombre! Daría la mitad de mi imperio por aprender de ti a gobernar la otra mitad. "El Zar fue en tal ocasión demasiado modesto, porque tenía sobre Richelieu, en primer término, la ventaja de ser un gran guerrero, y, además, el fundador de la marina y del comercio de su país; mientras que Richelieu no hizo más que gobernar tiránicamente en el interior y astutamente en el exterior.

Pero volvamos a Novogorod. Ivan Vasilievitch se apoderó de la ciudad en 1470, y abolió sus libertades; hizo trasladar a Moscú, al Kremlin, la gran campana llamada en ruso *Wetchevoy Kolokol*, a cuyo tañido se reunían en la plaza los ciudadanos para deliberar acerca de los intereses públicos. Al perder su libertad, Novogorod vio disminuir diariamente su población, su comercio, sus riquezas; tan asolador es el hálito del poder arbitrario, dice el mejor historiador de Rusia. Todavía hoy presenta la ciudad de Novogorod un aspecto de singular tristeza; su vasto recinto anuncia que la ciudad fue en otro tiempo grande y populosa; pero sólo se ven casas desparramadas, cuyos moradores parecen puestos allí como las figuras implorantes sobre las tumbas. El mismo espectáculo ofrece tal vez ahora aquella hermosa ciudad de Moscú; pero el espíritu público que la ha reconquistado sabrá reconstruirla.

San Petersburgo

Desde Novogorod a Petersburgo, casi todo el terreno es una charca, y se llega a una de las ciudades más hermosas del mundo, como si la varita encantada de un mago hiciera surgir las maravillas de Europa y de Asia en el seno del desierto. La fundación de Petersburgo es la mayor prueba del ardimiento de la voluntad rusa, que no cono ce imposibles; los alrededores son muy pobres; la ciudad está construida sobre una laguna; los mármoles reposan sobre pilotes; pero al contemplar tan soberbios edificios olvidamos la fragilidad de sus cimientos para meditar en la milagrosa construcción de tan espléndida ciudad en tan escaso tiempo. Este pueblo, que se caracteriza siempre por sus contrastes, lucha con inaudita perseverancia contra la naturaleza o contra los ejércitos enemigos. Frente a la necesidad, siempre han sido los rusos pacientes e invencibles; pero en el curso ordinario de la vida son muy inconstantes. Su entusiasmo no se mantiene mucho tiempo en favor de los mismos hombres ni de los mismos amos; sólo la reflexión puede asegurar la permanencia de los sentimientos y de las opiniones en la calma habitual de la vida, y los rusos, como todos los pueblos sometidos al despotismo, son más capaces de disimulo que de reflexión.

Al llegar a Petersburgo, mi primer sentimiento fue de gratitud al cielo por verme al borde del mar. Vi ondear en el Neva el pabellón inglés, emblema de la libertad, y sentí que, confiándome al Océano, podía ponerme de nuevo bajo la tutela inmediata de la Divinidad. No es posible sustraer se a la ilusión de creerse más cerca de la mano de la Providencia cuando uno se entrega a los elementos que cuando depende de los hombres, sobre todo del hombre que parece la encarnación del principio del mal en la tierra.

Frente a la casa en que yo vivía en Petersburgo se alza la estatua de Pedro I; le representa a caballo, trepando por una escarpada montaña, rodeado de serpientes que quieren detener los pasos del caballo. Es verdad que las serpientes están allí para sostener la inmensa mole del caballo y del jinete; pero la idea es poco feliz, porque, de hecho, la envidia no es temible para un soberano; sus enemigos no son tampoco los que se arrastran. Pedro I, sobre todo, sólo tuvo que temer durante su vida a los rusos que echaban de menos las antiguas costumbres de su país. De todos modos, la admiración que por él subsiste es prueba del bien que hizo a Rusia, porque los déspotas no tienen aduladores cien años después de muertos. En el pedestal de la estatua se lee: " A Pedro I, Catalina II. " Esta inscripción, orgullosa a pesar de su sencillez, tiene el mérito de ser verdad. Los dos grandes soberanos elevaron muchísimo la altivez rusa; inculcar en el ánimo de una nación la persuasión de que es invencible, es hacerla tal, en efecto, por lo menos en su propio suelo; porque la conquista es un azar que acaso depende más de las faltas de los vencidos que del genio del vencedor.

Afírmase con razón que en Petersburgo no se puede decir de una mujer que es tan vieja como las calles; ¡tan moderna es la ciudad! Los edificios conservan una blancura deslumbradora, y de noche, alumbrados por la luna, parecen grandes fantasmas blancos que miran inmóviles el curso del Neva. No sé en qué consiste la belleza particular de este río; pero jamás he visto otro de ondas tan límpidas. Unos muelles de granito de treinta verstas de longitud bordean el río, y esta magnificencia del trabajo humano es digna del agua transparente que decora. Si Pedro I hubiera encauzado tales trabajos hacia el Sur del Imperio, no habría creado la marina que deseaba; pero se hubiera tal vez conformado mejor al carácter de su nación. Los rusos habitantes de Petersburgo parecen un pueblo meridional condenado a vivir en el Norte, que se esfuerza en luchar contra un clima opuesto a su naturaleza. La gente del Norte es de ordinario muy casera y temerosa del frío, precisamente porque es su enemigo de todos los días. Las gentes del pueblo, entre los rusos, no han adquirido tales costumbres; los cocheros esperan diez horas a la puerta durante el invierno, sin quejarse; se acuestan sobre la nieve, debajo de los coches, y trasladan las costumbres de los *lazzaroni* de Nápoles al grado 60 de latitud. Véselos tumbados en los escaños de las escalinatas, tan a gusto como los alemanes sobre mullidas plumas; a veces se duermen de pie con la cabeza apoyada contra la pared. Tan pronto indolentes como impetuosos, se entregan alternativamente al sueño o a increíbles fatigas. Algunos se embriagan, diferenciándose en esto de los pueblos del mediodía, que son muy sobrios; pero los rusos también lo son, y por modo increíble, cuando las dificultades de la guerra lo exigen.

Los grandes señores rusos ostentan a su modo los gustos de los habitantes del mediodía. Deben visitarse las casas de campo que han construido en medio de una isla que forma el Neva dentro del recinto de Petersburgo. Plantas meridionales, perfumes de Oriente, divanes de Asia, embellecen estas viviendas. Inmensas estufas, donde maduran frutos de todos los países, forman un clima artificial. Los dueños de esos palacios no quieren perder el más mínimo rayo de sol, mientras brilla sobre su horizonte, y le festejan como a un amigo a punto de ausentarse, a quien conocieron antaño en más venturosas comarcas.

Al día siguiente de mi llegada comí en casa de uno de los negociantes mejor reputados de la ciudad; ejercía la hospitalidad a la rusa, es decir, colocando una bandera sobre el techo de su casa, en señal de que se quedaba a comer en ella; esta invitación bastaba a todos sus amigos. Nos dio de comer al aire libre, por gozar de uno de aquellos pobres días de verano, de los que aún quedaban varios, a los que con dificultad daríamos ese nombre en el Sur de Europa. Era muy agradable el jardín, embellecido por árboles y flores; pero a cuatro pasos de la casa comenzaban el desierto o la laguna. La naturaleza, en los alrededores de Petersburgo, parece un enemigo que recupera sus derechos en cuanto el hombre cesa un solo instante de luchar contra él.

A la mañana siguiente fui a la iglesia de Nuestra Señora de Kazán, edificada por Pablo I, según el modelo de San Pedro de Roma. El interior de la iglesia, decorado con gran número de columnas de granito, es de gran belleza; pero el edificio mismo desagrada precisamente porque recuerda a San Pedro, y difiere de él tanto como quisieron imitarlo. No puede hacerse en dos años lo que costó un siglo a los primeros artistas del universo. Los rusos intentan sobreponerse por la rapidez al tiempo y al espacio; pero el tiempo

45

sólo conserva lo que él mismo funda, y las bellas artes, aunque tengan por primera fuente la inspiración, no pueden prescindir del trabajo reflexivo.

Desde Nuestra Señora de Kazán fui al convento de San Alejandro Nevsky, lugar consagrado a uno de los héroes soberanos de Rusia, que extendió sus conquistas hasta las márgenes del Neva. La Emperatriz Isabel, hija de Pedro I, mandó construir en su honor un ataúd de plata, sobre el que es costumbre depositar una moneda como prenda de la petición que se encomienda al santo. El sepulcro de Suvarov está en ese convento de Alejandro, y no tiene más ornamento que su nombre; es bastante para él, mas no para los rusos, a quienes prestó grandes servicios. Por lo demás, esta nación es tan militar, que se asombra menos que otras de las proezas de esa índole. Las familias más ilustres de Rusia han construido sus panteones en el cementerio contiguo a la iglesia de Nevsky; pero ninguno de esos monumentos es digno de nota; no son bellos desde el punto de vista del arte, ni impresionan nuestra imaginación con ninguna idea grande. Es verdad que el pensamiento de la muerte causa poco efecto a los rusos; sea valor, sea inconstancia de sus impresiones, su carácter se presta poco a las tribulaciones duraderas; son más capaces de superstición que de emoción; la superstición atañe a esta vida, y la religión a la otra; la superstición está ligada a la fatalidad, y la religión a la virtud; la viveza de los deseos terrenales nos hace supersticiosos, y, por el contrario, el sacrificio de tales deseos nos hace religiosos.

El señor de Romanzof, ministro de Negocios Extranjeros de Rusia, me colmo de amabilísimas cortesías; a pesar mío, pensaba yo que este ministro, tan compenetrado con el sistema del Emperador Napoleón, hubiera debido retirarse, a la manera de los ministros ingleses, cuando tal sistema fue desechado. Sin duda, en una Monarquía absoluta, la voluntad del amo lo explica todo; pero la dignidad de un primer ministro exige tal vez que no salgan de una misma boca palabras contradictorias. El soberano representa al Estado, y el Estado puede cambiar de política cuando las circunstancias lo reclaman; pero el ministro no es más que un hombre, y, en cuestiones de tal importancia, un hombre no debe tener más que una opinión en el curso de su vida. Las maneras del señor de Romanzof son de insuperable cortesía, y nobilísimo su modo de recibir a los extranjeros.

Estaba yo con él, cuando anunciaron al enviado de Inglaterra, lord Tirconnel, y al almirante Bentinck, ambos de notable presencia; eran los primeros ingleses que reaparecían en el continente, de donde los había expulsado la tiranía de un solo hombre. Después de diez años de terrible lucha, después de diez años durante los que, en los triunfos y en los reveses, los ingleses habían permanecido siempre fieles a su conciencia, brújula de su política, volvían al fin al país que primera mente se emancipaba de la Monarquía universal. Su sencillez, su tono, su altivez, restauraban en el alma el sentimiento de lo verdadero, enturbiado por Napoleón, en aquellos que sólo leen sus periódicos o escuchan sólo a sus agentes. No sé siquiera si los adversarios de Napoleón en el continente, rodeados como están de continuo por una opinión falsa, que los aturde sin descanso, podrán dejarse llevar con serenidad de sus propios sentimientos. Juzgando por mí, sé que muchas veces, después de escuchar los consejos de prudencia o de bajeza que nos corroen en la atmósfera bonapartista, no sabía ya qué pensar de mi opinión propia; mi sangre me prohibía renunciar a ella; pero no siempre bastaba mi razón para defenderme de tantos sofismas. Por eso sentí una viva emoción al oír de nuevo la voz de Inglaterra, con la que casi siempre hay seguridad de hallarse de acuerdo, cuando trata uno de merecer la estimación propia y la de las personas de bien.

Al día siguiente, el conde Orlof me invitó a pasar el día en la isla que lleva su nombre. Es la más agradable de todas las del Neva; las encinas, producción rara en este país, sombrean el jardín. El conde y la condesa Orlof emplean su fortuna en recibir a los extranjeros con tanta facilidad como magnificencia; se encuentra uno en su casa tan a gusto como en un retiro campestre, y se disfruta de todo el lujo de las ciudades. El conde Orlof es uno de los grandes señores más instruidos de Rusia; su amor a su país es de tal profundidad, que conmueve sin remedio. El primer día que pasé en su casa acababa de proclamarse la paz con Inglaterra; era domingo; en su jardín, abierto aquel día a los paseantes, veíanse gran número de esos comerciantes barbudos que conservan en Rusia el traje de los *mujiks*, es decir, de los campesinos. Varios de ellos se agruparon para escuchar la orquesta del conde Orlof, que es excelente; oímos la canción inglesa *God save the King* –Dios proteja al rey–, canto de la libertad en un país donde el monarca es el primer guardián de ella. Estábamos todos conmovidos, y aplaudimos aquel himno nacional en nombre de todos los europeos; porque ya no hay más que dos clases de hombres en Europa: los servidores de la tiranía y los que la odian. El conde Orlof se acercó a los comerciantes rusos, y les dijo que se festejaba la paz de Inglaterra con Rusia; entonces hicieron la señal de la cruz, y dieron gracias al cielo porque el mar quedaba de nuevo libre para ellos.

La isla de Orlof está en el centro de todas las que los grandes señores de Petersburgo y el Emperador y la Emperatriz mismos han escogido para su residencia estival. No lejos de allí está la isla Strogonof, cuyo rico propietario había llevado a ella antigüedades griegas de gran valor. Su casa estaba abierta todos los días de su vida, y el que una vez era presentado en ella podía volver cuando quisiera. Nunca invitaba a comer o a cenar para día determinado; era cosa convenida que todos los presentados fuesen bien recibidos siempre; a menudo no conocía ni a la mitad de las personas que comían con él; pero le agradaba esta hospitalidad suntuosa, como cualquier otro género de magnificencia. Muchos casas en Petersburgo siguen, sobre poco más o menos, igual costumbre; es fácil deducir de esto que aquí no existe el placer de la conversación tal como en Francia lo entendemos; las reuniones son demasiado numerosas para que pueda entablarse un coloquio de alguna fuerza. Las personas de la buena sociedad son perfectas en los modales; pero los nobles no tienen instrucción suficiente, ni reina confianza bastante entre personas sometidas al influjo de una Corte y de un Gobierno despóticos, para que puedan conocerse los encantos de la intimidad.

La mayor parte de los grandes señores de Rusia se expresan con tanta gracia y moderación, que, a menudo, podemos forjarnos ilusiones acerca del grado de ingenio y de conocimientos de las personas con quienes hablamos. Los comienzos son casi siempre de hombre o de mujer de mucho ingenio; pero a veces también, a la larga, no se pasa del comienzo. En Rusia no hay costumbre de descubrir en la conversación el fondo del alma; hasta hace poco era tal el temor a los Zares, que aún no se ha habituado la gente a la discreta libertad debida al carácter de Alejandro.

Algunos nobles rusos han tratado de brillar en literatura, y han dado pruebas de talento en esa aplicación; pero, como las luces están poco extendidas, no existe una opinión pública formada por las opiniones particulares. El carácter de los rusos es tan apasionado, que las ideas, a poco abstractas que sean, no gustan; sólo les divierten

los hechos; aún no han tenido tiempo ni gusto para reducir los hechos a ideas generales. Por otra parte, cualquier pensamiento de alguna significación es siempre más o menos peligroso en una Corte donde todos se observan, y donde, la mayoría de las veces, se envidian.

El silencio de Oriente se transforma aquí en palabras amables; pero que no penetran de ordinario hasta el fondo de las cosas. Esta atmósfera brillante, que disipa agradablemente la vida, es grata por un momento; pero, a la larga, ni instruye ni desenvuelve las facultades del entendimiento, y los hombres que pasan así el tiempo no adquieren capacidad alguna para el estudio ni para la política. No ocurría así en la sociedad de París, donde hemos visto hombres formados tan sólo por los coloquios agudos o serios que la reunión de los nobles y los literatos suscitaba.

La Familia Imperial

Llegué por fin a ver al monarca, absoluto por las leyes y por las costumbres, y tan moderado por inclinación natural. Me presentaron primero a la Emperatriz Isabel, que me pareció el ángel protector de Rusia. Es muy reservada en sus modales; pero todo cuanto dice está lleno de vida, y sus sentimientos y opiniones se templan en el crisol de sus generosos pensamientos. Al escucharla me conmoví, por no sé qué indecible prestigio que no venía de su grandeza, sino de la armonía de su alma; hacía ya mucho tiempo que no veía yo concordes el poder y la virtud. Hablando estaba yo con la Emperatriz, cuando la puerta se abrió, y el Emperador Alejandro me dispensó la honra de acercarse a hablar conmigo. Lo que más me impresionó en él al pronto fue una expresión de bondad y dignidad tal, que ambas cualidades parecían inseparables, como si hubiera hecho de ellas una sola. Me impresionó también mucho la noble sencillez con que abordó los grandes problemas de Europa desde las primeras palabras que tuvo a bien dirigirme. El miedo a tratar de cuestiones serias que han imbuido a la mayor parte de los soberanos de Europa, me ha parecido siempre signo de mediocridad; temen pronunciar palabras que signifiquen algo real. El Emperador Alejandro, por el contrario, habló conmigo como hubieran podido hacerlo los hombres de Estado ingleses, que ponen su fuerza en sí mismos y no en las barreras que puedan rodearlos. El Emperador Alejandro, a quien Napoleón ha querido rebajar en el aprecio público, es hombre de notable entendimiento, muy instruido, y creo que no podrá encontrar en su imperio un ministro que valga más que él en lo tocante al juicio y dirección de los asuntos de Gobierno. No me ocultó que lamentaba la admiración a que se había dejado arrastrar en sus tratos con Napoleón. El abuelo de Alejandro sintió también gran entusiasmo por Federico II. En el género de ilusión que inspira un hombre extraordinario hay siempre un motivo generoso, cualesquiera que sean los males que resulten de ella. El Emperador Alejandro pintaba, no obstante, con mucha sagacidad el efecto que le habían causado sus conversaciones con Bonaparte, en las que éste decía cosas muy opuestas, como para suscitar la admiración con cada una, sin dejar paso a la consideración de que eran contradictorias. Me refirió también las lecciones de maquiavelismo que Napoleón había creído conveniente darle. "Mirad —le había dicho—, yo tengo mucho cuidado en indisponer a mis generales y a mis ministros entre sí, para que los unos me descubran las faltas de los otros; mantengo en torno mío una rivalidad continua por el modo de tratar a los que me rodean; cada día se cree preferido uno, y nunca puede nadie estar seguro de mi favor." ¡Cuán vulgar e inmoral es esta teoría! ¿No habrá alguna vez un hombre superior a este que demuestre su inutilidad? Sería conveniente para la sagrada causa de la moral que ésta acompañara y favoreciera de modo ostensible los grandes triunfos en la escena del mundo; quien siente la plena dignidad de esa causa, sacrifica gustoso por ella todos los triunfos posibles; pero también habría que demostrar a los presuntuosos que ven en los vicios del alma un signo de profundidad de pensamiento, que si algunas veces el entendimiento acompaña a la inmoralidad, la virtud es un don del genio. Al convencerme de la buena fe del Emperador Alejandro en sus relaciones con Napoleón, me convencí también de que no seguiría el ejemplo de los desdichados soberanos de Alemania, y que no firmaría la paz con quien es tan enemigo de los pueblos como de los reyes. Un alma noble no se deja engañar dos veces por la misma persona. Alejandro otorga y retira su confianza después de madura reflexión. Su juventud y su prestancia fueron las únicas causas que en los comienzos de su reinado le atrajeron la mala reputación de ligerezas; pero es tan serio como pueda serlo un hombre que haya conocido el infortunio. Alejandro me dijo lo mucho que sentía no ser un gran capitán; a esta noble modestia respondí que un soberano era más raro que un general, y que sostener con el ejemplo el espíritu nacional era ganar la batalla más importante de todas, la primera de ese género que se había ganado. El Emperador habló con entusiasmo de su nación y de lo mucho que es capaz de hacer. Manifestó el deseo, conocido de todos, de mejorar la situación de los campesinos sometidos a la esclavitud. "Señor –le dije yo–, vuestro carácter vale por una constitución, y vuestra conciencia es su garantía." "Aunque así fuese –me respondió, no soy más que un accidente venturoso."

Hermosas palabras, las primeras de ese género que, a mi parecer, ha pronunciado un monarca absoluto. ¡Cuánta virtud necesita un déspota para ser juez del despotismo! ¡Y cuántas virtudes hacen falta para no abusar del poder cuando la nación gobernada se asombra casi de tan insólita moderación!

En Petersburgo, sobre todo, los grandes señores tienen menos liberalidad de principios que el Emperador. Acostumbrados a ser los amos absolutos de los campesinos, quieren que el monarca, a su vez, sea omnipotente, para mantener la jerarquía del despotismo. La clase media no existe aún en Rusia, pero ya empieza a formarse; los hijos de los sacerdotes, los de los negociantes, algunos campesinos que han obtenido de sus señores la libertad de consagrarse al arte, pueden considerarse como un tercer estado. La nobleza rusa, además, no se parece a la de Alemania y Francia; en Rusia es noble todo el que posee un grado militar. Sin duda, las grandes familias, como los Narischkin, los Dolgoruki, los Gallitzin, etcétera, estarán siempre en primera línea en el Imperio; pero no es menos cierto que los privilegios aristocráticos pertenecen a hombres ennoblecidos por la voluntad del príncipe, y toda la ambición de los burgueses consiste en que sus hijos sean oficiales, para que ingresen en la clase privilegiada. De aquí se sigue que la educación de los jóvenes concluye a los quince años; se precipitan en la carrera militar lo antes posible, y desdeñan lo demás. Cierto que no es este el momento de censurar un orden de cosas que ha producido tan hermosa resistencia; si los tiempos fuesen más tranquilos, podría decirse con verdad que, en el orden civil, hay grandes lagunas en la administración interior de Rusia. La nación tiene energía y grandeza; pero en el Gobierno y en la conducta privada de los individuos faltan a menudo orden e ilustración. Pedro I, al introducir en Rusia la civilización europea, proporcionó indudablemente a su país grandes ventajas; pero se las hizo pagar con el establecimiento de un despotismo preparado por su padre y consolidado por él. Catalina II, por el contrario, templó el poder despótico que encontró establecido. Si las circunstancias políticas de Europa trajesen la paz, es decir, si dejase de ser un solo hombre el dispensador del mal sobre la tierra, veríamos a Alejandro ocupado únicamente en el mejoramiento de su país, y en buscar por sí mismo las leyes que asegurasen a Rusia la felicidad con que ahora sólo puede contar durante la vida de su actual dueño.

Visité después a la respetable madre del Emperador, una princesa a quien la calumnia no ha podido nunca imputar sentimientos que no estuviesen dedicados a su esposo, a sus hijos, o a los infelices a quienes protege. Más adelante contaré cómo dirige este imperio caritativo, que ejerce en medio del imperio omnipotente de su hijo. Vive en el palacio de Tauride, y para llegar a su aposento hay que atravesar una sala edificada por el príncipe Potemkin; esta sala es de incomparable grandeza; un jardín de invierno ocupa parte de ella, y se ven las plantas y los árboles por entre las columnas que forman el recinto central. En esta vivienda todo es colosal. El príncipe que la edificó tenía ideas tan extrañas como gigantescas. Construyó ciudades en Crimea, tan sólo porque la Emperatriz las viese a su paso. Mandaba asaltar una fortaleza para agradar a una hermosa dama, la princesa Dolgoruki, que le había desdeñado. Gracias al favor de su soberana, el príncipe se mostró tal como fue; pero en la mayor parte de los grandes hombres de Rusia, como Menzikof, Souvarov, el mismo Pedro I, y anteriormente Ivan Basilievitch, se descubre un temperamento fantástico, violento e irónico a la vez. El ingenio era para ellos un arma, más que un placer; su guía era la imaginación. En su carácter hallábanse reunidas la generosidad y la barbarie, pasiones desenfrenadas y religión supersticiosa. Aun hoy, la civilización no ha penetrado hasta el fondo en Rusia, ni siquiera en los grandes señores; imitan en lo exterior a los demás pueblos, pero son enteramente rusos de alma; en esto consiste su fuerza y su originalidad, porque el amor a la patria es, después del amor a Dios, el sentimiento más hermoso que los hombres pueden albergar. Para que la patria inspire un amor violento, es necesario que se distinga con fuerza de los países que la rodean; los pueblos que se diferencian de otros por leves matices, o que están divididos en varios Estados distintos, no se consagran con verdadera pasión a la asociación convencional que designan con el nombre de patria.

Costumbres de los grandes señores rusos

Fui a pasar un día en la casa de campo del señor de Narischkin, gran chambelán de la Corte, hombre amable, de trato cortés y fácil, pero que no sabe vivir más que en continua fiesta; en él se descubre claramente la vivacidad en los gustos que explica los defectos y las cualidades de los rusos. La casa del señor de Narischkin está siempre abierta para sus amigos, y cuando sólo tiene veinte invitados, le parece que vive en una soledad de filósofo, y se aburre. Servicial con los extranjeros, siempre en movimiento, tiene, sin embargo, toda la capacidad de reflexión necesaria para conducirse bien en la Corte; ávido de los goces de la imaginación, sólo encuentra esos placeres en las cosas, nunca en los libros; impaciente en todas partes, menos en la Corte, espiritual cuando le conviene serlo, suntuoso más bien que ambicioso, busca en todo cierta grandeza asiática, en que la fortuna y el rango destacan mucho más que las cualidades inherentes a la persona. Su casa de campo es todo lo agradable que una naturaleza creada por la mano del hombre puede serlo; todo el país circundante es árido y pantanoso; aquella residencia es un oasis. Desde la azotea se ve el golfo de Finlandia, y se vislumbra en la lejanía el palacio que Pedro I mandó construir en la costa; pero el terreno que hay hasta el mar y el palacio está casi inculto, y el parque del señor Narischkin es el único regalo que encuentran los ojos. Comimos en la casa de los Moldavos, es decir, en una sala construida según el gusto de estos pueblos; estaba dispuesta para defenderse del calor del sol, precaución harto inútil en Rusia. Sin embargo, la imaginación se aferra de tal modo a la idea de que el pueblo ruso vive en el Norte por puro azar, que parece natural volver a encontrar allí las costumbres del Mediodía, como si más tarde o más temprano los rusos hubieran de trasladar a Petersburgo el clima de su antigua patria. Frutas de todos los países cubrían la mesa, según la costumbre oriental de no mostrar en aquélla más que ese manjar, mientras que una multitud de servidores presentan a cada invitado las verduras y las carnes necesarias para su alimento.

Oímos después una música de trompas, peculiar de Rusia, de la que se ha hablado mucho. De veinte músicos, a cada uno le está encomendada una sola nota que repite siempre que la obra lo requiere; así, cada uno de estos hombres lleva el nombre de la nota que está encargado de ejecutar. Viéndolos pasar se dice: éste es el *sol*, el *mi* o el *re* del señor de Narischkin. Las trompas van engrosando de una en otra fila; alguien ha llamado con razón a este con-

59

junto un órgano viviente. Desde lejos, el efecto es muy hermoso; la precisión y pureza de la armonía despiertan muy nobles pensamientos; pero el placer disminuye al acercarse a los pobres músicos que están allí como tubos, emitiendo un sonido sin poder participar en la emoción que producen; no es agradable ver transformadas las bellas artes en artes mecánicas, susceptibles de ser enseñadas a la fuerza, como el ejercicio.

Unos habitantes de Ukrania, vestidos de rojo, vinieron después a cantar aires de su país, sumamente agradables, unos alegres, otros melancólicos, a veces las dos cosas al mismo tiempo. Estas canciones acababan a veces bruscamente en la mitad de la melodía, como si la imaginación de estos pueblos se fatigara antes de terminar lo que al pronto le agradaba, o como si le pareciera más sabroso destruir el encanto en el momento mismo de su mayor efecto. Así, la sultana de las *Mil y una noches* interrumpe su relato cuando el interés es más vivo.

En medio de tantas diversiones, el señor de Narischkin propuso un brindis por el triunfo de las armas rusas e inglesas reunidas, y en el mismo instante dio la señal a su artillería, casi tan ruidosa como la de un soberano. La embriaguez de la esperanza se apoderó de todos los invitados; yo me sentí bañada en lágrimas. Fuerte cosa que un tirano extranjero me redujese a desear la derrota de los franceses. "Deseo –dije yo entonces– la caída del opresor de Francia y de Europa, porque los verdaderos franceses triunfarán si es vencido." Los ingleses y los rusos, el señor de Narischkin el primero, aprobaron mi parecer, y el nombre de Francia, semejante en otro tiempo al de Armida, se oyó de nuevo con benevolencia por los caballeros de Oriente y del mar que iban a combatir contra ella.

Los grandes señores rusos crían en sus palacios algunos kalmucos de facciones aplastadas, como para conservar algún ejemplar de aquellos tártaros vencidos por los esclavones. Por el palacio Narischkin corrían dos o tres kalmucos semi-salvajes. Son bastante agradables en la infancia, pero a los veinte años pierden el encanto juvenil; testarudos, a pesar de ser esclavos, divierten a sus amos con su resistencia, como una ardilla que forcejea tras los hierros de una jaula. Es penoso contemplar tales ejemplares de la especie humana envilecida; me parecía estar viendo, en medio de todas las pompas del lujo, una imagen de lo que puede ser el hombre cuando ni la religión ni las leyes le dignifican; tal espectáculo abatía el orgullo que pueden inspirar los goces de la fortuna.

Unos carruajes de paseo muy largos, tirados por magníficos caballos, nos llevaron al parque después de comer. Era a fines de agosto; sin embargo, el cielo estaba pálido, y el verdor de las praderas era casi artificial, porque sólo se conservaban a fuerza de cuidados. Las mismas flores parecían un goce aristocrático, por lo mucho que cuesta lograrlas. No se oía el piar de los pájaros en las arboledas; no se fiaban de un verano tan fugaz; tampoco se veía ganado en las praderas, para que no destrozaran las plantas que tanto trabajo costaba cultivar. El agua fluía trabajosamente, y tan sólo con ayuda de las máquinas que la llevaban al jardín; todo este paisaje parecía una decoración que iba a desaparecer en cuanto los espectadores se marcharan. Nuestros carruajes se detuvieron ante unos pabellones que representaban un campamento tártaro; allí se reunieron todos los músicos, y nuevamente comenzaron a tocar; el ruido de las trompas y de los címbalos ahuyentaba el pensamiento. Para acabar de aturdirse mejor, los rusos imitaban durante el verano la rapidez de los trineos, que les sirve de consuelo en el invierno; con la velocidad de un relámpago se deslizaban sobre unas tablas desde lo alto de una montaña de madera. Hombres y mujeres se divertían mucho en este juego, por el que participaban un poco en los placeres de la guerra, que consisten en la emoción del peligro y en la viva prontitud de los movimientos. Casi todos los días se renovaban estas escenas, que a mí me parecían de una fiesta, y así se pasaba el tiempo. La mayor parte de las grandes casas de Petersburgo viven, con poca diferencia, de igual modo; como se ve, no hay que buscar en ellas coloquio alguno de interés; la instrucción es inútil en una sociedad de esta índole; pero cuando se pone empeño en reunir un gran número de personas, estas fiestas son, después de todo, el único modo de evitar el aburrimiento que produce una multitud congregada en los salones.

Y en todo este estrépito, ¿qué es el amor? –preguntarían las italianas, que apenas encuentran en la vida de sociedad otro interés que el gusto de ver al hombre de quien desean ser amadas. He pasado en Petersburgo muy poco tiempo para formarme cabal idea de lo que ocurre en el interior de las familias; sin embargo, me ha parecido, por un lado, que hay muchas más virtudes domésticas de lo que me habían dicho; pero que, de otro, el amor sentimental es muy poco conocido. Las costumbres de Asia, que aquí reaparecen a cada paso, hacen que las mujeres no se ocupen para nada del interior de su casa; el marido lo dirige todo; la mujer no hace más que adornarse con sus regalos y recibir a quien él invita. El respeto a las buenas costumbres es ahora en Petersburgo mucho mayor que en tiempo de aquellos soberanos y soberanas que depravaban a la opinión con su ejemplo. Las dos Emperatrices actuales suscitan el amor a las virtudes de que son modelo. Sin embargo, en este respecto, como en otros muchos, los principios de la moral no están sólidamente asentados en la cabeza de los rusos. El ascendiente del Zar ha sido siempre tan fuerte, que de un reinado a otro pueden cambiar las máximas sobre todos los asuntos. Los rusos, tanto los hombres como las mujeres, ponen de ordinario en el amor su impetuosidad característica; pero su versatilidad los lleva también a renunciar fácilmente al objeto elegido. Hay un cierto desarreglo de la imaginación, que no permite ser feliz con lo duradero. La cultura del espíritu, que, mediante la poesía y las bellas artes, multiplica el sentimiento, es muy rara entre los rusos, y en estas naturalezas fantásticas y vehementes, el amor es una fiesta o un delirio, más bien que un afecto profundo y reflexivo. La buena sociedad en Rusia es, pues, un perpetuo torbellino; quizá la extremada prudencia a que hay que acostumbrarse bajo un Gobierno despótico hace que a los rusos les agrade sobremanera el no verse expuestos a hablar, arrastrados por la conversación, de asuntos de alguna importancia. La falta de veracidad de que se les acusa debe atribuirse a esa reserva que, bajo diferentes reinados, les ha sido harto necesaria. Los refinamientos de la civilización alteran en todos los países la sinceridad del carácter; pero cuando el soberano tiene el poder ilimitado de desterrar, encarcelar o relegar a Siberia, su poderío es demasiado fuerte para la naturaleza humana. Hubieran podido encontrarse hombres con altivez suficiente para desdeñar la privanza; mas para desafiar la persecución hay que ser un héroe, y el heroísmo no puede ser cualidad universal.

Ya se sabe que ninguna de estas reflexiones se aplica al Gobierno actual, puesto que su jefe es, como Emperador, perfectamente justo, y como hombre, de singular generosidad. Pero los súbditos conservan los defectos de la esclavitud aun mucho tiempo después que el soberano mismo quisiera quitárselos. Sin embargo, la guerra ha mostrado las muchas virtudes que poseían los rusos, incluso los de la corte. Cuando yo estaba en Petersburgo, apenas veía hombres jóvenes en sociedad; todos se habían marchado al ejército. Hombres casados, hijos únicos, nobles de inmensa fortuna, servían como simples voluntarios, y cuando vieron sus tierras y sus casas devastadas no pensaron en lo que perdían más que para vengarse, no para capitular con el enemigo. Tales cualidades pesan mucho más que cuantos abusos, desórdenes e irregularidades hayan podido acarrear una administración defectuosa, una civilización reciente y unas instituciones despóticas.

ESTABLECIMIENTOS DE INSTRUCCIÓN PÚBLICA
INSTITUTO DE SANTA CATALINA

Fuimos a visitar el gabinete de Historia Natural, notable por las producciones de Siberia. Las pieles de este país han excitado la avidez de los rusos, como las minas de oro de Méjico la de los españoles. Hubo un tiempo en Rusia durante el que la moneda empleada para el cambio eran las pieles de marta o de ardilla; tan universal era la necesidad de defenderse de las heladas. Lo más curioso en el Museo de Petersburgo es una rica colección de osamentas de animales antediluvianos, y en particular los restos del mammouth gigantesco, encontrado casi intacto entre los hielos de Siberia. Según las observaciones geológicas, parece que el mundo tiene una historia mucho más antigua que la que nosotros conocemos; en todas las cosas asusta el infinito. Ahora, los habitantes y los animales de aquel confín del mundo habitado están como penetrados por el frío en que agoniza la naturaleza a unas cuantas leguas más allá de esa comarca. El color de los animales se confunde con el de la nieve; la tierra parece perderse en los hielos y nieblas en que termina este bajo mundo. Me impresionó el aspecto de los habitantes del Kanchatka, perfectamente imitados en el Museo de Petersburgo. Los sacerdotes de aquel país, llamados *shamanes*, son una especie de improvisadores. Llevan por encima de una túnica de corteza de árbol una red de acero, a la que están unidos varios pedazos de hierro, que producen un ruido muy grande en cuanto el improvisador se agita. Tienen momentos de inspiración, muy parecidos a un ataque de nervios, e impresionan al pueblo, valiéndose de la brujería más que del talento. La imaginación en países tan tristes apenas se hace notar más que por el miedo, y la tierra misma parece rechazar al hombre, infundiéndole pavor.

Visité después la ciudadela, en cuyo recinto está la iglesia donde reposan los féretros de todos los soberanos, desde Pedro el Grande. Estos féretros no están encerrados en sarcófagos; están expuestos como en el día de los funerales; se cree uno mucho más cerca de estos muertos, de quienes sólo nos separa, el parecer, unas simples tablas. Cuando Pablo I subió al trono hizo coronar los restos de su padre, Pedro III, que, por no haber recibido este honor en vida, no podía ser depositado en la ciudadela. Por orden de Pablo I se renovó la ceremonia del entierro de su padre y de Catalina II, su madre. Ambos fueron expuestos de nuevo; y de nuevo también, cuatro chambelanes guardaron sus cuerpos como si hubiesen muerto el día antes; los dos féretros están colocados el uno al lado del otro, obligados a vivir en paz bajo el imperio de la muerte. Varios de los soberanos que han poseído el poder despótico transmitido por Pedro I, han sido sangrientamente destronados por una conjuración. Los mismos cortesanos que no se atreven a decir a su amo la más inocente verdad, saben conspirar contra él; un disimulo profundo acompaña necesariamente a ese género de revolución política, pues hay que seguir colmando de respeto al mismo a quien se intenta asesinar. Sin embargo, ¿qué sería de un país gobernado despóticamente si el tirano que está sobre las leyes no tuviese nada que temer de los puñales? Esta horrible alternativa muestra por sí sola lo que son unas instituciones en las que hay que contar con el crimen como contra peso del Poder.

Rendí a Catalina II el homenaje de ir a visitar su casa de campo (Sarskozelo). Este palacio y su jardín están dispuestos con mucho arte y magnificencia; pero, aunque estábamos apenas a primeros de septiembre, el aire era ya muy frío, y ofrecían un contraste singular las flores del Mediodía agitadas por el viento del Norte. Todos los rasgos que se cuentan de Catalina II como soberana despiertan admiración; yo no sé si los rusos no le deben más que a Pedro I la feliz persuasión de ser invencibles, persuasión que tanto ha contribuido a sus triunfos. El hechizo mujeril templaba la acción del poder; en los triunfos que le ofrendaban mezclábase una galantería caballeresca. Catalina II poseía en grado sumo el buen sentido de gobierno; un entendimiento más brillante que el suyo se hubiera parecido menos al genio; su elevada razón inspiraba profundo respeto a los rusos, que desconfían de su imaginación propia y desean ser dirigidos con cordura. Contiguo a Sarskozelo está el palacio de Pablo I, vivienda encantadora, obra maestra del talento y del buen gusto de la Emperatriz viuda y sus hijas. Este lugar recuerda la admirable paciencia de esa madre y de sus hijas, que por nada del mundo han abandonado sus virtudes domésticas.

Me dejé llevar de los goces que me causaban los objetos nuevos que veía a diario, y, no sé cómo, llegué a olvidarme de la guerra de que pendía la suerte de Europa; me causaba tan vivo placer oír expresar a todo el mundo las mismas opiniones tanto tiempo ahogadas por mí en el fondo del alma, que me parecía que ya nada había que temer, y que la fuerza de tales verdades, una vez conocidas, era irresistible. Sin embargo, los reveses se sucedían unos a otros sin que el público se enterase. Un chistoso dijo que todo era misterio en Petersburgo, aunque no hubiese nada secreto; se concluyó, en efecto, por descubrir la verdad; pero es tal el hábito de callar de los cortesanos rusos, que disimulan la víspera lo que ha de ser público al día siguiente, y si revelan lo que saben es siempre contra su voluntad. Un extranjero me dijo que Smolensk había sido tomado, y que Moscú corría grandísimo peligro. El desaliento se apoderó de mí. Creí que volvía a empezar la deplorable historia de las paces de Austria y de Prusia, producidas por la conquista de las capitales. Era, por tercera vez, la misma jugada, que podía salir bien una más. La aparente movilidad de las impresiones de los rusos me impedía observar el verdadero estado del espíritu público. El abatimiento había congelado los ánimos; ignoraba yo que en hombres de impresiones tan vehementes, aquel abatimiento era precursor de un despertar terrible. De igual manera se ve en las gentes del pueblo una inconcebible pereza hasta el instante en que su actividad se reanima; entonces no conocen obstáculos ni temen peligro alguno, y lo mismo vencen a los elementos que a los hombres.

Sabía yo que la administración interior, lo mismo la de guerra que la de justicia, caían con frecuencia en manos muy venales, y que por las dilapidaciones que se permitían los empleados subalternos era imposible saber fijamente el número de las tropas ni las medidas tomadas para su aprovisionamiento; la mentira y el robo son inseparables, y en un país de civilización tan nueva, la clase intermedia carece de la simplicidad de los campesinos y de la grandeza de los boyardos; aún no existe opinión pública que refrene a esa clase intermedia, de vida tan reciente, que ha perdido la candorosa fe popular sin haber adquirido el culto al honor. También la envidia minaba las relaciones entre los jefes del ejército. El Gobierno despótico despierta por su naturaleza, y a pesar suyo, los celos entre sus servidores; como la voluntad de uno 'sólo puede cambiar totalmente la suerte de cada individuo, el temor y la esperanza tienen tal campo de acción, que sin cesar fomentan la envidia, excitada además por otro sentimiento: el odio a los extranjeros. El general que mandaba el ejército ruso, Barclay de Tolly, aunque nacido en territorio del imperio, no era de raza esclavona bastante pura; esto era sobrado para que no pudiese llevar a los rusos a la victoria; además, había aplicado su distinguido talento a un sistema de guerra de posiciones y de maniobras, mientras que el arte militar que conviene a los rusos es el ataque. Hacerlos retroceder, aunque sea por un cálculo discreto y bien fundado, es enfriar en ellos la impetuosidad, que constituye su fuerza. Los auspicios de la campaña eran, pues, tristísimos, y el silencio que acerca de este asunto se guardaba, aún más pavoroso. Los ingleses insertan en sus papeles públicos noticia exacta de los heridos, prisioneros y muertos en cada batalla; noble candor de un Gobierno que es tan sincero con la nación como con el monarca, reconociendo a los dos el mismo derecho a saber el estado de los asuntos públicos. Paseábame yo con tristeza profunda por aquella hermosa ciudad de Petersburgo, que podía ser presa del vencedor. Cuando al caer de la tarde volvía de las islas y veía la cima dorada de la ciudadela brotar en los aires como un trazo de fuego, cuando veía reflejados en el Neva los muelles de mármol y los palacios que le rodean, representábame yo tantas maravillas mancilladas por la arrogancia de un hombre, que iría a decir como Satán en la cumbre de la montaña: " Los reinos de la tierra son míos. " Todo lo bello y bueno que había en San Petersburgo parecíame abocado a la destrucción, y no podía gozar de ello sin que me persiguiese tan doloroso pensamiento.

Fui a visitar los establecimientos de educación fundados por la Emperatriz, y allí más que en los palacios, redoblaba mi ansiedad; porque basta que el hálito de la tiranía de Bonaparte se acerque a las instituciones encaminadas al mejoramiento de la especie humana, para que su pureza se corrompa. El Instituto de Santa Catalina se compone de

dos casas, y cada una alberga doscientas cincuenta donce-
llas nobles o burguesas, educadas allí con un esmero muy
superior incluso al que las familias ricas podrían consagrar
a sus hijos. El orden y la elegancia imperan en los menores
detalles del Instituto; los más puros sentimientos religiosos
y morales presiden en el cultivo de las bellas artes. Las
mujeres rusas tienen tanta gracia natural, que al entrar en
la sala donde las educandas nos saludaron, no vi ni una
sola que no pusiera en aquella reverencia cuanta cortesía y
modestia pueden expresarse en una acción tan sencilla.
Invitáronlas a lucir sus talentos delante de mí, y una de
ellas, que sabía de memoria trozos de los mejores escritores franceses, recitó algunas de las páginas más elocuentes
de mi padre, su *Curso de moral religiosa*. Esta delicada
atención fue sugerida acaso por la misma Emperatriz.
Sentí emoción vivísima al escuchar unos pensamientos
que desde hacía tantos años no tenían más asilo que mi
corazón. En los países libres de la opresión de Bonaparte,
comienza la posteridad a hacer justicia a los que hasta en
la tumba fueron víctimas de las calumnias imperiales. Las
educandas del Instituto de Santa Catalina canta han a coro
unos salmos antes de sentarse a comer; aquellas voces,
numerosas, dulces y puras, un enternecimiento mezclado
de amargura. ¿Qué estragos haría la guerra en aquellas
pacíficas fundaciones? ¿Adónde irían las pobres palomas
huyendo de las armas del vencedor? Después de la comida,

reuniéronse las muchachas en una magnífica sala, donde bailaron todas juntas. La belleza de sus facciones no tenía nada de particular, pero su gracia era extraordinaria; son hijas de Oriente, con toda la decencia que las costumbres cristianas han difundido entre las mujeres. Primero ejecutaron una danza antigua, con la música de *¡Viva Enrique IV, viva el rey valiente!* ¡Cuán distantes de nuestra época los tiempos evocados por esa canción! Dos niñas de diez años, de cara redonda, terminaron el baile con un paso ruso; este baile tiene a veces el carácter voluptuoso del amor; pero, ejecutado por unas niñas, la inocencia de la edad se mezclaba a la originalidad nacional. Es indecible el interés que despertaban aquellas gracias amables, cultivadas por la mano delicada y generosa de una mujer y soberana.

También están bajo la inspección de la Emperatriz un Instituto para ciegos y otro para sordomudos. El Emperador, por su lado, pone mucha atención en la Escuela de cadetes, dirigida por un hombre de espíritu superior, el general Klinger. Todas estas fundaciones son muy útiles; pero podría reprochárseles su excesivo esplendor. Al menos sería de desear que en diversas localidades del Imperio se fundaran, no escuelas tan magníficas, sino establecimientos que diesen al pueblo conocimientos elementales. En Rusia todo ha comenzado por el lujo, y la cúspide ha precedido, por decirlo así, a los cimientos. Sólo hay en Rusia dos grandes ciudades: Petersburgo y Moscú; las otras no merecen apenas ser citadas; están, además, separadas por distancias enormes; los mismos castillos de los grandes señores están tan apartados unos de otros, que los propietarios apenas pueden comunicarse. En fin, la población del Imperio está tan diseminada, que difícilmente los conocimientos de los unos pueden ser útiles a los otros. Los campesinos hacen sus cuentas valiéndose de una máquina de calcular, y hasta los empleados de correos siguen ese método. Los popes griegos saben mucho menos que los curas católicos, y sobre todo que los ministros protestantes; de manera que en Rusia el clero no sirve para instruir al pueblo, como en otros países de Europa. El lazo nacional consiste en la religión y en el patriotismo; pero falta un foco de cultura, cuyos rayos se esparzan por todo el Imperio; las dos capitales no pueden aún comunicar a las provincias su caudal literario y artístico. Si Rusia hubiera podido gozar de paz, sus adelantos en todo orden hubiesen sido grandes bajo el reinado bienhechor de Alejandro. Pero ¿quién sabe si la regeneración de las naciones no se funda precisamente en virtudes como las que esta guerra suscita?

Hasta el presente, los rusos sólo han tenido hombres de genio en la carrera militar; en las demás artes sólo son imitadores; bien es verdad que la imprenta tampoco entró en Rusia hasta hace ciento veinte años. Los demás pueblos europeos se han civilizado casi simultáneamente, y han mezclado a su genio natural los conocimientos adquiridos; en los rusos no se ha producido aún esa mezcla. Lo mismo que dos ríos, después de su confluencia, corren por el mismo cauce sin confundir sus aguas, la naturaleza y la civilización se han reunido en los rusos, sin identificarse una con otra; y, según las circunstancias, un mismo hombre os parece tan pronto un europeo, rigurosamente sujeto a las formas sociales, como un esclavón impulsado por las más desenfrenadas pasiones. Arribarán al genio en las bellas artes, y sobre todo en la literatura, cuando encuentran el modo de expresar con el lenguaje su natural verdadero, del mismo modo que lo expresan con sus acciones.

He visto representar una tragedia rusa, cuyo asunto era la liberación de los moscovitas cuando rechazaron a los tártaros hasta más allá de Kazán. El príncipe de Smolensk aparecía vestido con el traje antiguo de los boyardos, y el ejército tártaro se denominaba la *Horda dorada*. La obra estaba compuesta casi por entero según las reglas de la dramaturgia francesa; el ritmo de los versos, la declamación, el corte de las escenas, todo era francés; una sola situación se inspiraba en las costumbres rusas: el profundo terror que inspiraba a una muchacha la amenaza de la maldición paterna. La autoridad del padre es casi tan fuerte en el pueblo ruso como en China, y la verdadera savia nacional hay que buscarla en el pueblo. La buena sociedad de todos los países se parece; el mundo elegante es muy poco adecuado para suministrar asuntos de tragedia. Entre los que se leen en la historia de Rusia, uno me impresionó sobremanera. Iván el Terrible, siendo ya viejo, sitiaba a Novogorod. Los boyardos, viéndole débil, le preguntaron si no querría confiar a su hijo el mando del asalto. Su furor al oír esta proposición fue tan grande, que con nada se le pudo calmar; su hijo se prosternó a sus plantas; Iván le rechazó con un golpe tan violento, que el infortunado príncipe murió a los dos días. Entonces el padre, desesperado, no quiso ocuparse ya más de la guerra ni del Poder, y sobrevivió muy pocos meses a su hijo. Esta rebeldía de un déspota viejo contra la marcha del tiempo es grande y solemne; el enternecimiento que en aquella alma feroz sucede al furor, nos muestra al hombre tal como sale de las manos de la naturaleza, tan pronto irritado por el egoísmo como retenido por el afecto.

Una ley rusa imponía la misma pena al que mutilaba el brazo de un hombre que a su matador. En efecto, en Rusia el hombre vale sobre todo por su fuerza militar; los demás modos de energía sólo se aprecian en virtud de instituciones y costumbres no desenvueltas aún en Rusia. Las mujeres, sin embargo, parecían penetradas, en Petersburgo, de aquel sentimiento del honor patrio, que constituye la fuerza moral de un Estado.

La princesa Dolgoruki, la baronesa de Strogonof y otras varias, sabían ya que una parte de su fortuna había padecido gravemente por la devastación de la provincia de Smolensk, y no parecían pensar en ello más que para animar a sus iguales a sacrificarlo también todo. La princesa Dolgoruki me contó que un anciano de luenga barba, encaramado en un altozano que domina a Smolensk, decía llorando a su nieto que tenía en las rodillas: " Hijo mío, en otros tiempos, los rusos iban a ganar batallas a los confines de Europa; ahora vienen los extranjeros a atacarnos en nuestra casa." Este dolor del viejo no fue inútil; pronto veremos cuán caras se han pagado esas lágrimas.

Mi partida para Suecia
Paso a Finlandia

El Emperador salió de Petersburgo, y se supo que había ido a Abo, donde tenía que avistarse con el general Bernadotte, príncipe real de Suecia. Desde aquel momento ya no hubo duda acerca del partido que este príncipe había tomado en la guerra actual, y no había cosa que más importara entonces para la salvación de Rusia y, por tanta, de Europa. En el curso de este relato se verá desenvolverse las consecuencias de aquel suceso. Mientras conferenciaban el Emperador de Rusia y el príncipe de Suecia, llegó la noticia de la entrada de los franceses en Smolensk, se comprometió el Emperador consigo mismo y con su aliado a no firmar en ningún caso la paz. "Si toman Petersburgo –dijo–, me retiraré a Siberia. Volveré a tomar nuestras costumbres antiguas, y, como nuestros barbudos antepasados, vendremos a conquistar de nuevo el Imperio. Esa resolución libertará a Europa," –exclamó el príncipe de Suecia; su predicción comienza a cumplirse.

Vi por segunda vez al Emperador Alejandro cuando regreso de Abo, y en el coloquio que tuve el honor de mantener con él, me convenció de tal y allí modo de su firmeza de voluntad, que, a pesar de la toma de Moscú y de todos los rumores que de este suceso nacieron, no creí que cediese jamás. Tuvo a bien decirme que después de la toma de Smolensk, el mariscal Berthier escribió al general en jefe ruso respecto a ciertas cuestiones militares, y que terminaba su carta diciendo que el Emperador Napoleón conservaba la más tierna amistad por el Emperador Alejandro; insípida burla que el Emperador de Rusia recibió como era debido. Napoleón le había dado lecciones de política y de guerra, abandonándose en las primeras a su malsano charlatanismo, y en las segundas, al placer de mostrarse descuidado por desdén. Se llevó chasco con el Emperador Alejandro; la nobleza de su carácter le pareció un engaño; no se dio cuenta de que si el Emperador de Rusia se dejó llevar demasiado lejos por su entusiasmo, fue porque creyó que Napoleón era partidario de los primeros principios de la Revolución francesa, que concordaban con

sus opiniones propias; pero nunca tuvo Alejandro la idea
de asociarse con Napoleón para esclavizar a Europa.
Napoleón, en esta circunstancia como en todas, creyó con-
seguir deslumbrar a un hombre con una falsa representa-
ción de sus intereses; pero tropezó con una conciencia, y
sus cálculos resultaron fallidos, porque desconoce la fuerza de aquel elemento, que no entra nunca para nada en sus
combinaciones.

Aunque Barclay de Tolly era un militar bien reputado,
los reveses que sufrió al comienzo de la campaña concita-
ron contra él la opinión pública, que designaba para susti-
tuirle a un general famosísimo: al príncipe Kutusov; el
príncipe tomó el mando quince días antes de la entrada de
los franceses en Moscú, y no pudo incorporarse al ejército
sino seis días antes de la gran batalla que se dio casi a las
puertas de la ciudad, en Borodino. Fui a visitar al príncipe
la víspera de su partida; era un anciano de muy graciosos
modales y de fisonomía viva, aunque le faltaba un ojo de
resultas de una de las numerosas heridas que había recibido en los cincuenta años de su carrera militar.
Contemplándole, temía yo que no fuese capaz de luchar
con los hombres jóvenes y vigorosos que se abatían sobre
Rusia desde todos los puntos de Europa; pero los rusos,
cortesanos en Petersburgo, vuelven a ser tártaros en el ejército, y el caso de Suvarov ya había probado que ni la edad
ni los honores enervan su energía física y moral. Me separé

del ilustre mariscal Kutusov muy conmovida; no sabía yo si abrazaba a un vencedor o a un mártir; pero vi que comprendía la grandeza de la causa que se le encomendaba. Se trataba de defender, más bien de restablecer, todas las virtudes morales que el hombre debe al cristianismo, toda la dignidad que Dios le ha dado y toda la independencia que la naturaleza le consiente; se trataba de recuperar todos esos bienes de las garras de un solo hombre, porque los franceses son tan inocentes de los desmanes de sus ejércitos como los alemanes e italianos que le siguen. Antes de partir, el general Kutusov fue a orar a la iglesia de Nuestra Señora de Kazán, y todo el pueblo, que seguía sus pasos, le aclamó salvador de Rusia. ¡Qué momento para un mortal! Su edad no le permitía esperar sobrevivir a las fatigas de la campaña; pero hay instantes en que el hombre necesita morir para saciar su alma.

Segura ya de la generosa opinión y de la noble conducta del príncipe de Suecia, me confirmé más que nunca en la determinación de ir a Estocolmo antes de embarcarme para Inglaterra; y hacia el fin de septiembre salí de Petersburgo para ir a Suecia por Finlandia. Mis nuevos amigos, los que por conformidad de sentimientos se habían aproximado a mí, vinieron a decirme adiós; sir Roberto Wilson, que busca por todas partes las ocasiones de combatir y de inflamar el ánimo de sus amigos; el señor de Stein, carácter antiguo, que sólo vive de la esperanza de ver libertada a su patria; el enviado de España, el ministro de Inglaterra, lord Tirconnel; el espiritual almirante Bentink, Alejo de Noailles, el único francés, emigrado como yo por no someterse a la tiranía imperial, que hubiese allí para dar testimonio por Francia; el coronel Dornberg, natural de Hesse, hombre intrépido y perseverante, y varios rusos que después han ilustrado sus nombres con sus hazañas. Nunca había corrido mayor peligro la suerte de todos; nadie lo ignoraba, pero no se atrevían a decirlo; yo sola, por ser mujer, no estaba amenazada; pero bien podía tomar en cuenta mis pasados sufrimientos. Al decir adiós a tan dignos paladines de la raza humana, no sabía yo a cuantos de ellos volvería a ver; dos han muerto ya. Cuando las pasiones humanas se encrespan y chocan, cuando las naciones se atacan con furor, reconocemos en esas desventuras el destino de la humanidad y gemimos por ella; pero cuando un solo hombre, semejante a los ídolos de los lapones incensados por el miedo, esparce a torrentes el mal sobre la tierra, un terror supersticioso nos sobrecoge y nos lleva a considerar a todas las personas honradas como otras tantas víctimas.

Al entrar en Finlandia se echa de ver en seguida el cambio de país, y que hay allí una raza que no es la raza esclavona. Dicen que los fineses proceden inmediatamente del Norte de Asia, y que su idioma no tiene relación con el sueco, lengua intermedia entre el inglés y el alemán. La mayoría de los finlandeses, no obstante, son de aspecto completamente germánico; sus cabellos rubios y su blanca tez no se parecen en nada a la vivacidad de los rostros rusos; también sus costumbres son más dulces; las gentes del pueblo son de una probidad reflexiva, que deben a la instrucción del protestantismo y a la pureza de las costumbres. Los domingos vese a las muchachas volver del sermón a caballo, y los jóvenes las siguen. En Finlandia es fácil hallar hospitalidad en casa de los pastores, que consideran deber suyo alojar a los viajeros; nada tan dulce y tan puro como la acogida que dispensan estas familias; y como apenas hay casas señoriales, los pastores son, de ordinario, lo más importante de la población. En algunas canciones finlandesas, las muchachas ofrecen a sus enamorados renunciar por su amor incluso a la morada de un pastor, si por acaso quisiera compartirla con ellas. Esto recuerda la frase de un zagalillo, que decía: "Si yo fuese rey, guardaría las ovejas a caballo." Ni la imaginación puede apenas ir más allá de lo que se conoce.

El aspecto de la naturaleza en Finlandia es muy distinto que en Rusia; en lugar de las lagunas y planicies que rodean a Petersburgo, vence peñascos, que a veces son casi montañas, y selvas; pero a la larga se da uno cuenta de la monotonía de las montañas, y de que los bosques están formados por los mismos árboles: el pino y el abedul. Los enormes bloques de granito que hay esparcidos por el campo y al borde de las carreteras dan al país cierto aspecto de rudeza; pero en torno de esas grandes osamentas del globo, la vida escasea, y en la latitud de Finlandia la vegetación va ya decreciendo hasta los últimos confines de la tierra animada. Atravesamos una selva medio consumida por el fuego; los incendios, lo mismo en las ciudades que en el campo, son muy frecuentes, porque los vientos del Norte acrecen la actividad de las llamas; el hombre lucha trabajosamente contra la naturaleza en estos climas helados. En Finlandia hay pocas ciudades, y las que hay están poco pobladas. No hay un centro de actividad, ni emulación, ni nada que decir, y muy poco que hacer en una provincia del Norte sueco o ruso, y durante ocho meses del año, la naturaleza viviente se adormece.

El Emperador Alejandro se apoderó de Finlandia a consecuencia del tratado de Tilsit, en un momento en que la perturbación de sus facultades ponía al rey que entonces reinaba en Suecia, Gustavo IV, en la imposibilidad de defender a su país. El carácter moral de este príncipe era muy digno de estimación; pero desde su infancia había reconocido él mismo que no podía llevar las riendas del Gobierno. Los suecos se batieron en Finlandia con grandísimo valor; pero cuando una nación poco numerosa no tiene en el trono un rey guerrero, no puede triunfar de un enemigo poderoso. El Emperador Alejandro se hizo dueño de Finlandia por conquista y por tratados basados en la guerra; pero es justo reconocer que ha gobernado con moderación su nueva provincia y respetado la libertad de que gozaba. Reconoció todos los privilegios de los finlandeses relativos a los tributos y al servicio militar; socorrió generosamente las ciudades incendiadas, y su protección compensó hasta cierto punto la pérdida de lo que los finlandeses poseían por su derecho, si es que hay hombres libres que acepten voluntariamente un cambio de esa especie. En fin, una de las ideas dominantes del siglo XIX, la idea de los límites naturales, hacían a Finlandia tan necesaria para Rusia como Noruega lo es para Suecia; y puede afirmarse con verdad que donde esos límites naturales no han existido, las guerras han sido constantes.

Me embarqué en Abo, capital de Finlandia. En la Universidad que allí hay, tratan de cultivar un poco el espíritu; pero los osos y los lobos están tan próximos durante el invierno, que la necesidad de asegurarse una vida física tolerable absorbe todos los pensamientos; el trabajo necesario para esto en los países del Norte consume una gran parte del tiempo que en otras partes se consagra a los goces de las artes y del ingenio. Puede decirse, en cambio, que las mismas dificultades de que la naturaleza rodea al hombre, robustecen su carácter y no consienten que el espíritu se pervierta en la ociosidad. Sin embargo, a cada momento echaba yo de menos aquella luz del Mediodía que había inundado mi alma.

Las ideas mitológicas de los habitantes del Norte los hacen ver sin cesar aparecidos y fantasmas; el día es allí tan propicio a las apariciones como la noche; el ambiente pálido y nuboso parece invitar a los muertos a volver a la tierra, a respirar el aire frío como la tumba que rodea a los vivos. En estas comarcas, los casos extremos son más frecuentes que los términos medios; o la ocupación única es luchar con la naturaleza para subsistir, o los trabajos del espíritu adquieren con facilidad un tono místico, porque el hombre no recibe inspiración alguna de los objetos exteriores, y todo lo extrae de sí mismo.

Las crueles persecuciones del Emperador me han hecho perder por completo la confianza en la suerte; sin embargo, creo más en la protección de la providencia, aunque no bajo la forma de venturas terrenales. De esto se sigue que cualquier resolución me espanta, pero el destierro obliga a menudo a tomarlas. Tenía miedo al mar, y todos me decían: "Todo el mundo hace esa travesía, y a nadie le ocurre nada." Razones como éstas tranquilizan a casi todos los viajeros; pero la imaginación no se deja encadenar por consuelos de ese género, y la idea de aquel abismo, de que tan débil defensa nos separa, es una tortura. El señor Schlégel advirtió el pavor que me inspiraba la frágil embarcación que iba a llevarnos a Estocolmo. Cerca de Abo me enseñó la prisión en que uno de los más infortunados reyes de Suecia, Eric XIV, había estado encerrado durante algún tiempo, antes de morir en otra prisión cerca de Gripsholm. "Si estuvieseis ahí –me dijo–, ¡cómo envidiaríais la travesía por mar que ahora os asusta! " Esta reflexión tan justa cambió el curso de mis ideas, y los primeros días de navegación fueron bastante agradables. Pasábamos entre islas, y aunque el peligro cerca de la costa sea mucho mayor que en alta mar, no se siente nunca el terror que infunde la vista de las olas, que al parecer se confunden con el cielo. Esforzábame por ver la tierra en el horizonte, en cuanto la distancia me lo permitía; lo infinito es tan terrible a nuestros ojos como placentero al alma. Pasamos ante la isla de Aland, donde los plenipotenciarios de Pedro I y de Carlos XII trataron la paz e intentaron poner límites a su ambición sobre aquella helada tierra, que sólo la sangre de sus súbditos había calentado por un momento. Esperábamos llegar al día siguiente Estocolmo; pero el viento, decididamente contrario, nos obligó a echar el ancla en la costa de una isla rocosa, en la que crecían algunos árboles, no mucho más altos que las piedras entre que brotaban. Sin embargo, nos apresuramos a ir a pasear por la isla, para sentir la tierra bajo nuestros pies.

Siempre he sido muy propensa al fastidio, y lejos de saber entretenerme en los instantes completamente vacíos, que parecen destinados al estudio...

Aquí termina el manuscrito. Después de una travesía no exenta de peligros, mi madre desembarcó en Estocolmo. Fue recibida en Suecia con mucha bondad, y pasó allí ocho meses, durante los que escribió el relato que antecede. Poco después partió para Londres, y allí publicó su obra sobre Alemania, que la Policía imperial había prohibido. Pero su salud, ya rudamente quebrantada por las persecuciones de Bonaparte, sufrió mucho con tan largo y fatigoso viaje, y mi madre se creyó obligada a emprender sin demora la historia de la vida política del Sr. Necker, aplazando todos los demás trabajos hasta dar cima a lo que su piedad filial miraba como un deber. Concibió entonces el plan de sus *Consideraciones sobre la Revolución francesa*. No terminó la presente obra, y el manuscrito de sus *Diez años de destierro* quedó en su cartera, tal como lo publico. (Nota del señor de Staël, hijo.)

FIN

Stefan Zweig:
Marceline Desbordes-Valmores

Jules Verne:
Edgar Allan Poe y sus obras

Sainte-Beuve:
Madame de Staël

Marcel Proust:
El caso Lemoine

Benedetto Croce:
Ariosto y el Orlando furioso

Marta Serrano:
Florbela Espanca

Vicente Blasco Ibáñez:
J.-K. Huysmans

Ivan Turgenev:
Hamlet y Don Quijote

Aldous Huxley:
La vulgaridad en literatura

Juan Francisco Pastor Paris:
Femme fatale, imágenes de la bella diabólica

W. B. Yeats:
William Blake: la imaginación y el simbolismo

Sainte-Beuve:
Molière

Galileo Galilei:
El Infierno de Dante